सीता हरण

विवेक कुमार पांडे शंभुनाथ

क्रम-सूची

क्रम-सूची

प्रस्तावना

इस किताब में सीता माता का हरण एवम सीता माता का त्याग संक्षेप में लिखा गया है.। इस किताब को लिखने के दौरान कोई भी धर्म और कोई भी जाती एवम किसी भी परिवार के सदस्य को नुकसान नहीं पहुंचा या गया है और इस किताब को लिखा है श्री विवेक कुमार पांडे शंभुनाथ जी ने.।

भूमिका

मेरा नाम विवेक कुमार पांडे है और मैं एक लेखक हु , में गुजरात के सुरत में निवास करता हूं.मेरा जन्म ३० सेप्टेंबर को २००२ में हुआ था, और मुझे बचपन से एक्टर बनने का सोख रहा है और अभी भी है.। में कभी ये नहीं सोचता की लोग क्या कर रहे हैं में ये सोचता हूं कि में क्या कर रहा हूं, में आज सफल हूं तो अपने पापा की वजह से आज वो रहते तो उन्हें बहुत खुशी होती , वो सदा और हमेशा मेरे साथ रहेंगे.।

1

राम द्वारा धनुष भंग

- राम द्वारा धनुष भंग

लक्ष्मण को अत्यन्त क्रुद्ध एवं आवेश में देख कर राम ने संकेत से उन्हें अपने स्थान पर बैठ जाने का निर्देश दिया और गुरु विश्वामित्र की ओर देखने लगे मानो पूछ रहे हों के वर्तमान परिस्थिति में मुझे क्या करना चाहिये। विश्वामित्र ने कहा, "वत्स! लक्ष्मण ने सूर्यकुल की जिस मर्यादा एवं गौरव वर्णन किया है वह सत्य है। अब तुम धनुष पर प्रत्यंचा चढ़ाकर लक्ष्मण के वचन को सिद्ध कर के दिखाओ।"

गुरु की आज्ञा पाकर रामचन्द्र मन्द गति से पग बढ़ाते हुये शिव जी के धनुष के पास पहुँचे। राम को धनुष की ओर जाते देख सीता और उनकी सखियाँ तथा जनकपुरी के समस्त दर्शकगण अत्यंत प्रसन्न हुये। किन्तु उनकी प्रसन्नता को संशय ने घेर लिया। वे सोचने लगे कि जब विश्वविख्यात शक्तिशाली राजा और राजकुमार इस शिव जी के धनुष को हिला नहीं सके तो राम जैसे सुकुमार किशोर पिनाक की प्रत्यंचा चढ़ाने में कैसे सफल हो सकेंगे? सीता भी मन ही मन परमात्मा से प्रार्थना करने लगीं कि हे सर्वशक्तिमान! इन्हें इनके उद्देश्य में सफलता प्रदान करने की दया कीजिये। मेरा हृदय भी इनकी ओर आकर्षित हो गया है। अतः इसकी लाज भी आपको ही रखनी है। हे प्रभो! आप अपनी अद्भुत शक्ति से इस धनुष को इतना हल्का कर दीजिये कि यह सरलता से उनके द्वारा उठाया जा सके।

धनुष के पास पहुँचकर राम ने धनुष को बीच से पकड़कर सरलता के साथ उठा लिया और खेल ही खेल में उस पर प्रत्यंचा चढ़ा दी। प्रत्यंचा चढ़ाकर ज्योंही उन्होंने धनुष की डोर पकड़कर कान तक खींची त्योंही वह धनुष भयंकर शोर मचाता हुआ तड़तड़ा कर टूट गया। उस नाद से अधिकांश दर्शक मूर्छित होकर भूमि पर गिर पड़े। सिर्फ विश्वामित्र, राजा जनक, राम, लक्ष्मण आदि कुछ ही ऐसे लोग थे जिन पर इस भयंकर स्थिति का कोई प्रभाव नहीं पड़ा। कुछ काल पश्चात् जब सबकी मूर्छा दूर हुई तो वे राम की सराहना करने लगे।

धनुष भंग हो जाने पर राजा जनक ने विश्वामित्र से कहा, "मुनिवर! मेरी प्रतिज्ञा पूर्ण हुई इसलिये अब मैं सीता का विवाह रामचन्द्र के साथ करना चाहता हूँ। मुझे अपने मंत्रियों और पुरोहित को विवाह का संदेश लेकर महाराजा दशरथ के पास अयोध्या भेजने की आज्ञा दें।"

विश्वामित्र प्रसन्न होकर बोले, "राजन्! आपका ऐसा ही करना ही उचित है। अपने मंत्रियों को यह भी आदेश दे दें कि वे राजा दशरथ को सन्देश दे दें कि दोनों राजकुमार कुशलपूर्वक यहाँ पहुँच गये हैं।"

विश्वामित्र के वचनों से सन्तुष्ट होकर मिथिलापति जनक ने सीता को बुलवाया। वे अपनी सखियों के साथ हाथ में वरमाला लिये मन्थर गति से लजाती हुई वहाँ आईं जहाँ धनुष को तोड़ने के पश्चात श्री रामचन्द्र खड़े थे। सखियों ने मंगल गान प्रारम्भ किया और लज्जा, संकोच एवं हर्ष के भावों से परिपूर्ण सीता जी ने धीरे से श्री राम के गले में वरमाला डाल दी।

2

अयोध्या में तैयारियाँ

अयोध्या में तैयारियाँ

मिथिलापुरी से अयोध्या तक का मार्ग तीन दिनों में तय करके महाराज जनक के मन्त्री राजा दशरथ के दरबार में पहुँचे। रत्नजटित सिंहासन पर विराजमान महाराज दशरथ का सादर अभिवादन करने के पश्चात् मिथिला के मन्त्री ने कहा, "हे राजन्! मिथिला नरेश ने आपका कुशल समाचार पूछा है और महर्षि विश्वामित्र की आज्ञा से उन्होंने आपके पास यह संदेश भेजा है कि समस्त संसार को ज्ञात है कि मिथिला के राजा जनक की पुत्री सीता अत्यन्त रूपवती, लावण्यमयी एवं समस्त सद्गुणों से सम्पन्न है। राजा जनक ने अपने यहाँ एक यज्ञ किया था। उसमें उन्होंने यह प्रतिज्ञा की थी कि जो कोई भी भगवान शंकर के विख्यात धनुष पिनाक पर प्रत्यंचा चढ़ा देगा उसके साथ वे राजकुमारी सीता का विवाह कर देंगे। उस यज्ञ में महामुनि विश्वामित्र राम और लक्ष्मण दोनों राजकुमारों के साथ जनक पुरी पधारे। राम ने धनुष पर प्रत्यंचा ही नहीं चढ़ा दी, बल्कि उस धनुष के दो टुकड़े भी कर दिये। इस प्रकार उन्होंने अपने अद्वितीय पराक्रम से सीता को प्राप्त कर लिया है। अतः राजा जनक ने आपसे सादर अनुरोध करते हुये यह संदेश भेजा है कि आप अपने समस्त परिजनों, बन्धु-बांधवों, मन्त्रियों एवं पुरोहितों तथा गुरु वशिष्ठ के साथ शीघ्र बारात लेकर मिथिला पधारने की कृपा करें ताकि राजकुमार श्री रामचन्द्र के साथ सौभाग्यकांक्षिणी सीता का विवाह वैदिक रीति से सम्पन्न हो सके और मिथिलेश कन्या के ऋण से उऋण हो सकें।

इस शुभ संदेश को सुनकर महाराज दशरथ अत्यन्त प्रसन्न हुये। राम लक्ष्मण की कुशलता एवं अद्भुत पराक्रम का समाचार सुनकर उनका हृदय विभोर हो गया। वे मन्त्रियों से बोले, "मन्त्रिवर! हमारा हृदय राम और लक्ष्मण से मिलने के लिये बहुत व्याकुल हो रहा है इसलिये आप शीघ्र ही परिजनों एवं दरबार के सभासदों के साथ जनक पुरी चलने की

व्यवस्था कीजिये। समस्त बन्धु-बांधवों, राज्य के प्रतिष्ठित सेठ-साहूकारों, विद्वानों आदि सब को बारात में चलने के लिये निमन्त्रण पत्र भिजावाइये। सेनापति जी से कहिये कि वे शीघ्र चतुरंगिणी सेना को तैयार होने का आदेश दें। यदि सम्भव हो तो ऐसी व्यवस्था कीजिये कि हम सब लोग कल ही प्रस्थान कर सकें क्योंकि हमारे समधी मिथिला नरेश ने हमसे बहुत शीघ्र मिथिला पुरी पहुँचने का आग्रह किया है। साथ ही परम पूज्य राजगुरु वशिष्ठ जी, वामदेव, जाबालि, कश्यप, मार्कण्डेय, महर्षि कात्यायन आदि ऋषि-मुनियों से भी यह प्रार्थना करें कि वे कल प्रातःकाल ही हम लोगों के चलने से पहले ही जनक पुरी के लिये प्रस्थान कर जायें। इस बीच में हम तीनों महारानियों को यह शुभ समाचार देने के लिये जाते हैं।" इतना कह कर राजा दशरथ ने मन्त्रियों को आदेश दिया कि वे मिथिला से आये हुये अतिथियों का उचित सत्कार करें और उनके खान पान, ठहरने आदि का समुचित प्रबन्ध करें। इसके पश्चात् वे स्वयं राजप्रासाद के अन्तःपुर में पहुँचे और तीनों रानियों को बुलाकर यह शुभ संवाद सुनाया। शीघ्र ही यह समाचार सम्पूर्ण अयोध्या नगरी में फैल गया। घर-घर में मंगलगान होने लगे। नृत्य-संगीत का आयोजन होने लगा।

महाराज की आज्ञा पाकर मन्त्रीगण तथा भृत्यगण विवाह की तैयारियों में जुट गये। जन-जन के मन में अद्भुत उत्साह था। ऐसा प्रतीत होता था जैसे प्रत्येक व्यक्ति के भीतर विद्युत का संचार हो गया है। सभी लोग अभूतपूर्व द्रुतगति से समस्त कार्यों को सम्पन्न कर रहे थे। अद्र्धरात्रि होते होते चलने की सारी तैयारियाँ पूर्ण हो गईं और दूसरे दिन दल-बल के साथ राजा दशरथ रवाना हो गये। चार दिनों तक चलने के पश्चात् बारात मिथिला पुरी पहुँची। यह ज्ञात होते ही कि अयोध्या नरेश ऋषि-मुनियों, मन्त्रियों, परिजनों एवं अपनी सम्पूर्ण मण्डली के साथ नगर के निकट आ पहुँचे हैं मिथिला नरेश जनक अपने मन्त्रियों, पुरोहित, मुनियों, विद्वानों आदि को साथ लेकर उनकी अगवानी के लिये नगर के मुख्य द्वार पर जा पहुँचे। उन्होंने बड़े आदर के साथ राजा दशरथ की अभ्यर्थना करते हुये कहा, "हे नृपश्रेष्ठ! आपके दर्शन करके मैं कृतज्ञ हुआ और आपके पदार्पण करने से जनक पुरी की भूमि धन्य हुई। आपने सीता को अपनी कुलवधू के रूप में स्वीकार करके मेरे वंश को सम्मानित किया है। यह मेरा अहोभाग्य है कि आज मिथिला पुरी में महर्षि वशिष्ठ, वामदेव, मार्कण्डेय एवं कात्यायन जैसे परम तपस्वी महात्माओं के चरण पड़े हैं। मैं नहीं समझ पा रहा हूँ कि इस असाधारण सम्मान को पाकर किस प्रकार अपने भाग्य की सराहना करूँ।"

इस प्रकार समस्त आगत महानुभावों का सत्कार करके महाराज दशरथ को उनके साथ आये हुये ऋषि-मुनियों, बन्धु-बांधवों, मन्त्रियों एवं सैनिकों को जनवासे में ठहराने की उचित व्यवस्था की। जनवासे में राजा दशरथ बहुत देर तक मुनि विश्वामित्र और अपने दोनों पुत्रों के साथ बैठे हुये उनके कृत्यों और पराक्रम का विवरण सुनते रहे। इस विवरण को सुनकर कभी वे आनन्द से रोमांचित हो जाते, कभी आश्चर्य से दाँतो तले उँगली दबाने लगते और कभी प्रशंसा से अपने राजकुमारों की पीठ थपथपाने लगते। बातचीत करने के पश्चात् भोजनादि से निवृत होकर वे विश्राम करने चले गये।

3

विवाह पूर्व की औपचारिकताएँ

विवाह पूर्व की औपचारिकताएँ

महाराज जनक के कनिष्ठ भ्राता कुशध्वज सांकाश्यपुरी में रहकर राज्य का प्रबन्ध किया करते थे। सीता के विवाह का समाचार पाकर महाराज वे भी सांकाश्यपुरी से मिथिला आ गये। अपने अग्रज महाराज जनक तथा गुरु शतानन्द जी को प्रणाम करने के पश्चात् वे बोले, "हे भ्राता! अयोध्यापति पधार चुके हैं इसलिये अब विवाह सम्बंधी कार्यों का शुभारम्भ कर देना चाहिये।"

इस पर जनक जी ने शतानन्द जी से कहा, "हे गुरुवर! भाई कुशध्वज के कहने के अनुसार हमें शुभ रीतियों और विधि-विधानों के अनुसार कार्य प्रारम्भ करना चाहिये। अतः आप शीघ्र जाकर अयोध्यापति महाराज दशरथ को राजकुमारों सहित आदरपूर्वक यहाँ लिवा लाइये।" शतानन्द जी जनवासे में महाराज दशरथ के पास पहुँचे और उनसे आदरपूर्वक बोले, "महाराजाधिराज! मिथिला नरेश महाराज जनक अपने कनिष्ठ भ्राता कुशध्वज, परिजनों एवं समस्त मन्त्रियों के साथ आपके दर्शनों के लिये उत्सुक हैं और अपने दरबार में आपकी प्रतीक्षा कर रहे हैं। इसलिये आप अपने मन्त्रियों सहित पधार कर उन्हें कृतार्थ कीजिये।"

राजा जनक का संदेश पाकर राजा दशरथ गुरु वशिष्ठ, मन्त्रियों एवं राजकुमारों के साथ वहाँ पहुँचे जहाँ राजा जनक उनकी प्रतीक्षा कर रहे थे। मिथिलापति ने खड़े होकर उन सबका स्वागत किया और उन्हें बैठने के लिये यथोचित स्थान प्रदान किया। जब सब अपने-अपने स्थानों पर विराजमान हो गये तो इक्ष्वाकु वंश के गुरु वशिष्ठ जी ने राजकुमारों का गोत्र पढ़ना प्रारम्भ किया जो इस प्रकार था -

"आदि रूप स्वयंभू ब्रह्मा जी से मरीचि का जन्म हुआ। मरीचि के पुत्र कश्यप हुये। कश्यप के विवस्वान् और विवस्वान् के वैवस्वत मनु हुये। वैवस्वत मनु के पुत्र इक्ष्वाकु हुये। इक्ष्वाकु ने अयोध्या को अपनी राजधानी बनाया और इस प्रकार इक्ष्वाकु कुल की स्थापना की। इक्ष्वाकु के पुत्र कुक्षि हुये। कुक्षि के पुत्र का नाम विकुक्षि था। विकुक्षि के पुत्र बाण और बाण के पुत्र अनरण्य हुये। अनरण्य से पृथु और पृथु से त्रिशंकु का जन्म हुआ। त्रिशंकु के पुत्र धुन्धुमार हुये। धुन्धुमार के पुत्र का नाम युवनाश्व था। युवनाश्व के पुत्र मान्धाता हुये और मान्धाता से सुसन्धि का जन्म हुआ। सुसन्धि के दो पुत्र हुये – ध्रुवसन्धि एवं प्रसेनजित। ध्रुवसन्धि के पुत्र भरत हुये। भरत के पुत्र असित हुये और असित के पुत्र सगर हुये। सगर के पुत्र का नाम असमञ्ज था। असमञ्ज के पुत्र अंशुमान तथा अंशुमान के पुत्र दिलीप हुये। दिलीप के पुत्र भगीरथ हुये, इन्हीं भगीरथ ने अपनी तपोबल से गंगा को पृथ्वी पर लाया। भगीरथ के पुत्र ककुत्स्थ और ककुत्स्थ के पुत्र रघु हुये। रघु के अत्यंत तेजस्वी और पराक्रमी नरेश होने के कारण उनके बाद इस वंश का नाम रघुवंश हो गया। रघु के पुत्र प्रवृद्ध हुये जो एक शाप के कारण राक्षस हो गये थे, इनका दूसरा नाम कल्माषपाद था। प्रवृद्ध के पुत्र शंखण और शंखण के पुत्र सुदर्शन हुये। सुदर्शन के पुत्र का नाम अग्निवर्ण था। अग्निवर्ण के पुत्र शीघ्रग और शीघ्रग के पुत्र मरु हुये। मरु के पुत्र प्रशुश्रुक और प्रशुश्रुक के पुत्र अम्बरीष हुये। अम्बरीष के पुत्र का नाम नहुष था। नहुष के पुत्र ययाति और ययाति के पुत्र नाभाग हुये। नाभाग के पुत्र का नाम अज था। अज के पुत्र दशरथ हुये और दशरथ के ये चार पुत्र रामचन्द्र, भरत, लक्ष्मण तथा शत्रुघ्न हैं।"

इक्ष्वाकु कुल का वर्णन करने के पश्चात् वशिष्ठ जी ने कहा, "हे राजन्! अब आप भी अपनी वंश परम्परा का परिचय दीजिये क्योंकि विवाह जैसे मांगलिक अवसरों पर दोनों ही कुल अपने-अपने वंश का परिचय देते हैं।"

महाराज जनक बोले, "महर्षि! आपने सर्वथा उचित बात कही है। अब मैं भी अपने कुल का परिचय देता हूँ। प्राचीन काल में निमि नामक एक धर्मात्मा राजा थे। उनके मिथि नामक पुत्र हुआ जिन्होंने मिथिला बसाई। मिथि के पुत्र का नाम जनक था, उन्हीं के नाम पर मिथिला के राजा लोग जनक कहलाते हैं। जनक के पुत्र उदावसु और उदावसु के पुत्र नन्दिवर्धन हुये। नन्दिवर्धन के पुत्र का नाम शूरवीर था। शूरवीर के पुत्र सुकेतु और सुकेतु के पुत्र देवरात हुये। देवरात के पुत्र का नाम बृहद्रथ था। बृहद्रथ के पुत्र महावीर और महावीर के पुत्र सुधृति हुये। सुधृति के पुत्र का नाम धृष्टकेतु था। धृष्टकेतु के पुत्र हर्यश्व और हर्यश्व के पुत्र मरु हुये। मरु के यहाँ प्रतीन्धक की उत्पत्ति हुई। प्रतीन्धक के पुत्र कीर्तिरथ, कीर्तिरथ के पुत्र देवमीढ़, देवमीढ़ के पुत्र विबुध और विबुध के पुत्र महीन्धक हुये। महीन्धक के पुत्र का नाम कीर्तिरथ था। कीर्तिरथ के पुत्र महारोमा, महारोमा के पुत्र स्वर्णरोमा और स्वर्णरोमा के पुत्र हस्वरोमा हुये। हस्वरोमा के दो पुत्र हुये। उनमें से बड़ा मैं हूँ और मुझसे छोटा कुशध्वज है। हम दोनों भाई इसी प्रदेश में रहकर राजकाज सम्भालते थे। कुछ काल पहले सांकाश्य के पराक्रमी राजा सुधन्वा ने मिथिला पर आक्रमण कर दिया। वह चाहता था कि मैं सीता का विवाह उसके साथ

कर दूँ। मैंने उसकी माँग पूरी नहीं की इसलिये उसके साथ मेरा युद्ध हुआ जिसमें सुधन्वा मेरे हाथ से मारा गया। तब से मेरा कनिष्ठ भ्राता कुशध्वज सांकाश्य पर शासन करता है और मैं मिथिला पर। मैं अपनी बड़ी पुत्री सीता का विवाह राजकुमार रामचन्द्र के साथ और छोटी पुत्री उर्मिला का विवाह उनके कनिष्ठ भ्राता लक्ष्मण के साथ करना चाहता हूँ। मैं तीन बार इस बात को दुहराकर अपनी दोनों कन्याएँ आपको वधुओं के रूप में समर्पित करता हूँ।" फिर वे राजा दशरथ से कहने लगे, "हे नृपश्रेष्ठ! अब आप इनसे गौ दान कराकर नान्दीमुख श्राद्ध का कार्य सम्पन्न कीजिये। इसके पश्चात् लोक प्रचलित पद्धति के अनुसार विवाह का कार्य आरम्भ कीजिये। यह अवसर सर्वथा उपयुक्त एवं कल्याणकारी है। आज मघा नक्षत्र है, आज से तीसरे दिन फाल्गुनी नक्षत्र होगा। इससे अधिक उपयुक्त समय विवाह के लिये दूसरा नहीं हो सकता। आप इन दोनों भाइयों के अभ्युदय के लिये गौ, भूमि, स्वर्ण, तिल आदि का दान कराइये।"

राजा जनक के कथन समाप्त होने पर महामुनि विश्वामित्र बोले, "हे राजन्! आप और राजा दशरथ दोनों के ही कुल पूर्णतया धर्मपरायण, कीर्तियुक्त एवं समान हैं। अतः इन दोनों कुलों में विवाह सम्बंध सर्वथा उपयुक्त है। सीता और उर्मिला भी राम और लक्ष्मण के सर्वथा उपयुक्त हैं। आपके कनिष्ठ भ्राता कुशध्वज भी आपकी ही भाँति धर्मपरायण एवं प्रतिभासम्पन्न हैं। इनकी भी दो रूपवती, सुन्दर एवं विवाह योग्य कन्याएँ हैं। हे नरश्रेष्ठ! मैं चाहता हूँ उनका भी विवाह महाराज दशरथ के दो योग्य और पराक्रमी पुत्रों, भरत और शत्रुघ्न, के साथ हो जाये।"

विश्वामित्र की बात सुनकर जनक बोले, "हे मुनिवर! आपके इस आदेश को स्वीकारते हुये मैं अपने कुल को धन्य समझता हूँ। आप भरत और शत्रुघ्न को आज्ञा दीजिये कि वे कुशध्वज की दोनों कन्याओं, माण्डवी एवं श्रुतकीर्ति, को अपनी-अपनी पत्नी के रूप में स्वीकार करें।

इसके बाद मिथिला नरेश से अनुमति लेकर राजा दशरथ वशिष्ठ जी और विश्वामित्र जी के सा जनवासे में लौट गये। दूसरे दिन चारों राजकुमारों ने याचकों को एक एक लाख स्वर्ण मण्डित सींगों वाली गौएँ दान दीं और भी बहुत सारा धन, आभूषण, रत्न आदि ब्रह्मणों को दान दिये।

4

विवाह

❧

- विवाह

दान आदि से निवृत होकर महाराज दशरथ मिथिलेश के राजभवन में जाने की तैयारी करने लगे। तभी भरत के मामा अर्थात् राजा कैकेय के पुत्र युधाजित वहाँ आ पहुँचे। अभिवादन तथा कुशल समाचार जानने की औपचारिकता के पश्चात् उन्होंने कैकेय नरेश का सन्देश देते हुये कहा, "महाराज! हमारे पिताजी को भरत को देखने की उत्कट इच्छा हो रही है। अतः कृपा करके आप कुछ दिन के लिये भरत को मेरे साथ उनके ननिहाल भेज दें। इस संदेश को लेकर मैं अयोध्या गया था किन्तु वहाँ पर ज्ञात हुआ कि आप जनक पुरी गये हुये हैं इसलिए मैं भी यहाँ आ गया। महाराज दशरथ ने युधाजित का समुचित सत्कार किया और उन्हें सारा वृतान्त सुनाया फिर उन्हें लेकर ऋषियों, मन्त्रियों एवं बन्धु-बान्धवों सहित यज्ञशाला के द्वार पर पहुँचे। थोड़ी देर बाद नाना प्रकार के आभूषणों को धारण किये हुये रामचन्द्र अपने भाइयों भरत, लक्ष्मण और शत्रुघ्न के साथ उनके पास आकर खड़े हो गये। गुरु वशिष्ठ ने जनक के पास जाकर कहा, "हे विदेहराज! महाराज दशरथ अपने पुत्रों के साथ अन्दर आने की अनुमति चाहते हैं।"

इस पर महाराज जनक बोले, "हे महर्षि! इस प्रकार अनुमति माँग कर वे मुझे क्यों लज्जित कर रहे हैं। वे अयोध्या के ही नहीं मिथिला पुरी के भी स्वामी हैं और मैं तो उनका अकिंचन दास हूँ। क्या कभी स्वामी अपने सेवक से आज्ञा माँगता है? उनसे कहिये चारों कन्याएँ विवाह वेदी पर प्रतीक्षारत हैं। वे निःसंकोच अन्दर पधारने का कष्ट करें। शुभ लग्न का समय भी हो रहा है। मैं स्वयं चलकर उन्हें सादर ले आता हूँ। इतना कहकर वे महाराज दशरथ के पास पहुँचे और उन सबको यज्ञ स्थल में ले आये। सबको यथोचित आसन देकर जनक ने उनकी पूजा की। फिर वशिष्ठ जी से बोले, "हे ब्रह्मर्षि! आप इन ऋषि-मुनियों के साथ विवाह कार्य सम्पन्न कराइये। आपसे अधिक योग्य पुरोहित और कौन हो सकता है?"

गुरु वशिष्ठ, महर्षि विश्वामित्र और मिथिला के राजपुरोहित शतानन्द विवाह कार्य सम्पन्न कराने लगे। सबसे पहले वैदिक विधि के अनुसार विवाह के लिये वेदी का निर्माण कराया गया। फिर अनेक प्रकार के सुगन्धयुक्त फूलों से उसे सजाया गया। कुछ दूरी पर चारों ओर गमले सजाये गये जिनमें चित को प्रसन्न करने वाली सुगन्धित रंग बिरंगे फूल लगे हुये थे। वेदी के निकट कई स्थानों पर स्वर्ण पात्रों में धूप, केशर, नैवेद्य, अक्षत, घी, दही, शहद आदि सामग्री रखी हुई थी। यज्ञ सम्पन्न कराने वाले महानुभावों के लिये कुश के आसन बिछा दिया गये। गुरु वशिष्ठ एवं अन्य महर्षियों ने वेद मन्त्रों का उच्चारण करते हुये हवन कुण्ड में अग्नि प्रज्जवलित की। फिर वशिष्ठ जी के आदेश पर राजप्रासाद की महिलाओं ने जनककुमारी सीता को लाकर यज्ञ वेदी के निकट खड़ा कर दिया। उस समय सीता जी का मुखमण्डल प्रातःकालीन बाल रवि की भाँति अनुपम सौन्दर्य से देदीप्यमान हो रहा था। नख से शिख तक वे बहुमूल्य रत्नजटित आभूषणों से सजी हुई थीं। संक्षेप में कहा जाय तो उस समय सीता की छवि को देखकर करोड़ रतियों का संयुक्त रूप भी नगण्य प्रतीत होता था। सीता इन सब बातों से अनजान दृष्टि झुकाये एकटक पृथ्वी को निहार रही थीं।

महाराज जनक अपनी लाडली पुत्री सीता को श्री रामचन्द्र के निकट खड़ा करके विनीत स्वर में बोले, "हे रघुकुलतिलक रामचन्द्र! मैं अपनी पुत्री सीता का हाथ आपके सशक्त हाथों में सौंपते हुये यह कामना करता हूँ कि मेरी पुत्री आपकी अद्धार्गिनी होकर सदैव छाया की भाँति आपका अनुसरण करती रहे। अतः हे कौशल्याकुमार! इसे आप अपनी पत्नी के रूप में स्वीकार कीजिये। आज से यह आपके सुख-दुःख की संगिनी हुई। यह कहकर राजा जनक ने अंजलि में संकल्प के लिये लिया हुआ जल वेद मन्त्रों से पवित्र करके हृदय की सम्पूर्ण भावनाओं के साथ छोड़ दिया। महिलायें मंगलगान करने लगीं। मृदंग दुंदुभी तथा नाना प्रकार के वाद्य यन्त्रों का सुमधुर स्वर चारों ओर गूंजकर इस हर्ष पूर्ण घटना की सूचना देने लगा।

राम और सीता के विवाह के सम्पन्न हो जाने के पश्चात् लक्ष्मण, भरत और शत्रुघ्न का विवाह उर्मिला, माण्डवी और श्रुतकीर्ति के साथ वैदिक विधि विधान से सम्पन्न कराया गया। राजा जनक अपने नेत्रों में स्नेहपूर्ण अश्रु भर कर बोले, "हे अयोध्या के राजकुमारों! आप चारों भाई सूर्यकुल के गौरव, पराक्रमी, धर्मपरायण, तेजस्वी, सौम्य, विद्वान एवं सदाचार के गुणों से मण्डित हैं। जनक पुरी के इस राजकुल की हार्दिक कामना है कि उसकी ये चारों कन्याएँ गुण, कर्म, स्वभाव से आपके अनुकूल बनकर सब प्रकार से आपकी सुयोग्य अद्धार्गिनियाँ सिद्ध हों। इसके पश्चात् वशिष्ठ जी की आज्ञा से चारों राजकुमारों ने अपने अपने नवविवाहित पत्नियों के साथ अग्नि की प्रदक्षिणा की।

विवाह सम्पन्न होने के पश्चात् महाराज दशरथ समस्त मन्त्रियों, ऋषि-मुनियों और सपत्नीक राजकुमारों के साथ अपने ठहरने के स्थान पर चले गये। जनक पुरी में रात्रि विश्राम करके प्रातःकाल मुनि विश्वामित्र विदा लेकर उत्तराखण्ड की ओर चले गये। महाराज जनक ने दहेज के रूप में असंख्य दास दासियाँ, हाथी, घोड़े, गौएँ, रत्नजटित आभूषण, वस्त्र,

बर्तन आदि नाना प्रकार की वस्तुयें देकर अयोध्यापति दशरथ को विदा किया और उन्हें पहुँचाने के लिये नगर के द्वार तक आये। वे हाथ जोड़ कर बड़ी नम्रता के साथ बोले, "हे राजन्! मुझे सब प्रकार से अपना दास समझकर मुझ पर कृपा बनाये रखिये। मैं एक बार फिर आभारपूर्वक कहना चाहता हूँ कि आपने मेरे कुल के साथ सम्बंध स्थापित करके मुझे गौरवान्वित किया है। मेरी कन्याएँ आपकी आज्ञाकारिणी एवं दोनों कुलों का गौरव बढ़ाने वाली हों। यही मेरी मनोकामना है।" फिर उन्होंने तथा कुशध्वज ने अश्रुपूर्ण नेत्रों से चारों कन्याओं को आशीर्वाद देते हुये विदा किया।

5
सीता की शंका

सीता की शंका

मार्ग में सीता ने रामचन्द्र से कहा, "आर्यपुत्र! यद्यपि आप महान पुरुष हैं किन्तु सूक्ष्मरूप से विचार करने पर मुझे प्रतीत होता है कि अधर्म में प्रवृत हो हैं। हे नाथ! इस संसार में कामजनित तीन दोष ऐसे हैं जिनका उन्हें परित्याग करना चाहिये। पहला कामजनित दोष है मिथ्या भाषण, जो आपने न तो कभी किया है और न ही कभी करेंगे। दूसरा कामजनित दोष है पर-स्त्रीगमन। आप एकपत्नीव्रतधारी और महान सदाचारी हैं अतः यह कार्य भी आपके लिये असम्भव है। तीसरा कामजनित दोष है बिना वैरभाव के ही दूसरों के प्रति क्रूरतापूर्ण व्यवहार। यह तीसरा दोष अर्थात् क्रूरतापूर्ण व्यवहार ही आपके समक्ष उपस्थित है और आप इसे करने जा रहे हैं। आपने इन तपस्वियों के समक्ष राक्षसों को समूल नष्ट कर डालने की जो प्रतिज्ञा की है, उसी में मुझे दोष दृष्टिगत हो रहा है। आपके लक्ष्मण के साथ धनुष धारण कर इस वन में प्रवेश करने के कार्य को मैं कल्याणकारी नहीं नहीं समझती। मुझे यह उचित नहीं लगता कि जिन राक्षसों ने आपको किसी प्रकार की क्षति नहीं पहुँचाई है उनकी हत्या करके आप व्यर्थ ही अपने हाथों को रक्त-रंजित करें। मेरे दृष्टि में यह अनुचित और दोषपूर्ण कृत्य है।

"महाबाहो! पूर्व काल में किसी पवित्र वन में ईश्वर की आराधना में तल्लीन रहने वाले एक सत्यवादी एवं पवित्र ऋषि निवास करते थे। उनकी कठोर तपस्या से इन्द्र भयभीत हो गये और उनकी तपस्या को भंग करना चाहा। एक दिन योद्धा का रूप धारण कर इन्द्र ऋषि के आश्रम में पहुँचे और विनयपूर्वक अपना खड्ग उस ऋषि के पास धरोहर के रूप में रख दिया। ऋषि ने उस खड्ग को लेकर अपनी कमर में बाँध लिया जिससे वह खो न जाय। कमर में बँधे खड्ग के प्रभाव से उनकी प्रवृति में रौद्रता आने लगी। परिणामस्वरूप वे तपस्या कम और

रौद्र कर्म अधिक करने लगे। हे स्वामी। शस्त्र और अग्नि की संगति एक सा प्रभाव दिखाने वाली होती है। आपकी यह भीषण प्रतिज्ञा और आप दोनों भाइयों का निरन्तर धनुष उठाये फिरना आप लोगों के लिये कल्याणकारी नहीं है। आपको उन निर्दोष राक्षसों की हत्या नहीं करनी चाहिये जिनका आपके प्रति कोई बैर-भाव नहीं है। बिना शत्रुता के किसी की हत्या करना लोक में निन्दा का कारण भी बनती है। हे नाथ! आप ही सोचिये, कहाँ वन का शान्त तपस्वी अहिंसामय जीवन और कहाँ शस्त्र-संचालन। कहाँ तपस्या और कहाँ निरीह प्राणियों की हत्या। ये परस्पर विरोधी बातें हैं। आपने वन में आकर तपस्वी का जीवन अपनाया है इसलिये उसी का पालन कीजिये। सनातन नियम यही है कि बुद्धिमान लोग कष्ट सहकर भी अपने धर्म की साधना करते हैं।

"मैं नारीसुलभ चपलता के कारण ही मैं आपको धर्म का यह उपदेश दे रही हूँ अन्यथा किसमें सामर्थ्य है जो आपको धर्म का उपदेश दे?"

सीता के वचनों को सुनकर राम बोले, "सीते! जो कुछ तुमने कहा है वह सर्वथा उचित है। मेरे कल्याण की दृष्टि से ही तुमने यह बात कही है। किन्तु हम लोगों के धनुष धारण करने का एकमात्र प्रयोजन आर्यों की रक्षा करना है। यहाँ निवास करने वाले ऋषि-मुनि और तपस्वी राक्षसों के कारण अत्यन्त दुःखी हैं। वे उनसे अपनी रक्षा चाहते हैं और इसके लिये उन्होंने शरणागत होकर मुझसे प्रार्थना की है। उनकी रक्षा के लिये ही मैंने प्रतिज्ञा भी की है। क्षत्रिय का धर्म ही असहाय और दुखियों की रक्षा करना है। ऋषि-मुनि और ब्राह्मणों की सेवा तो मेरा कर्तव्य है। फिर मैं तो उन्हें वचन भी दे चुका हूँ। क्या तुम्हारे विचार से यह उचित है कि मैं उस प्रतिज्ञा को भंग कर दूँ? तुम यह कदापि नहीं चाहोगी कि मैं प्रतिज्ञा भंग करके झूठा कहलाऊँ क्योंकि तुम जानती हो कि सत्य मुझे प्राणों से भी प्रिय है और अपनी प्रतिज्ञा का पालन करने के लिये तुम्हारा और लक्ष्मण का परित्याग भी कर सकता हूँ। मैं अपने प्राण का त्याग कर सकता हूँ किन्तु अपनी प्रतिज्ञा को मिथ्या सिद्ध नहीं होने दे सकता। फिर भी जो कुछ तुमने कहा उससे मैं बहुत प्रसन्न हूँ।"

इसके पश्चात् उन लोगों ने अगस्त्य मुनि के दर्शन के लिये प्रस्थान किया किन्तु उन्हें उनके आश्रम का पता नहीं चल पाया। अनेक ऋषि-मुनियों के दर्शन करते तथा वनों में भ्रमण करते हुये दस वर्ष व्यतीत हो गये। इस अवधि में उन्होंने अलग-अलग स्थानों में एक-एक दो-दो वर्ष तक कुटिया बनाकर निवास किया। साथ ही साथ अगस्त्य मुनि के आश्रम की भी खोज करते रहे परन्तु अनेक प्रयत्न करने पर भी उनका आश्रम न पा सके।

अन्ततः वे पुनः सुतीक्ष्ण मुनि के आश्रम में आये और बोले, "हे महर्षि! मैं विगत दस वर्ष से वन में भटककर महर्षि अगस्त्य के आश्रम की खोज कर रहा हूँ किन्तु अभी तक उनके दर्शनों का लाभ प्राप्त नहीं कर सका हूँ। उनके दर्शनों की मुझे तीव्र लालसा है। इसलिये कृपा करके आप उनके आश्रम में पहुँचने के लिये मार्ग बताइये।"

मुनिराज सुतीक्ष्ण ने कहा, "हे राम! तुम दक्षिण दिशा में सोलह कोस जाओ। वहाँ तुम्हें एक विशाल पिप्पली वन दृष्टिगत होगा। उस पिप्पली वन के वृक्ष प्रत्येक ऋतु में खिलने

वाले सुगन्धियुक्त रंग-बिरंगे फूलों से लदे वृक्ष मिलेंगे। उन पर नाना प्रकार की बोलियों में कलरव करते हुये असंख्य पक्षी होंगे। अनेक प्रकार के हंसों, बकों, कारण्डवों आदि से युक्त सरोवर भी दिखाई देंगे। उसी वन में महात्मा अगस्त्य के भाई का आश्रम है जो वहाँ ईश्वर साधना में तल्लीन रहते हैं। कुछ दिन उनके आश्रम में रहकर विश्राम करें। जब तुम्हारी मार्ग की क्लान्ति मिट जाय तो वहाँ से दक्षिण दिशा की ओर वन के किनारे चलना। वहाँ से चार कोस की दूरी पर महर्षि अगस्तय का शान्त मनोरम आश्रम है जिसके दर्शन मात्र से अद्वितीय शान्ति मिलती है।

6

अगस्त्य का आश्रम

- अगस्त्य का आश्रम

सुतीक्ष्ण मुनि से विदा ले कर राम, सीता और लक्ष्मण ने वहाँ से प्रस्थान किया। मार्ग में उन्होंने नीवार (जलकदम्ब), कटहल, साखू, अशोक, तिनिश, चिरिविल्व, महुआ, बेल, तेंदू तथा अन्य अनेक जंगली वृक्ष देखे। विचित्र वनों, मेघमाला सदृश पर्वमालाओं, सरिताओं तथा सरवरों के नयनाभिराम दृश्यों को निरखते हुये तथा दो दिन महर्षि अगस्त्य के भाई के आश्रम में विश्राम करने के पश्चात् वे अगस्त्य मुनि के आश्रम के निकट जा पहुँचे। उस वन का वातावरण अत्यन्त मनोहर था। सुन्दर विशाल वृक्ष खिली हुई लताओं से शोभायमान हो रहे थे। हाथियों द्वारा तोड़े जाकर अनेक वृक्ष पृथ्वी पर पड़े थे। वानरवृन्द वृक्षों की ऊँची-ऊँची शाखाओं पर अठखेलियाँ कर रहे थे। पक्षियों का मधुर कलरव चहुँ ओर सुनाई दे रहा था। हिंसक पशु भी हिरण आदि के साथ, बैरभाव को छोड़कर, कल्लोल कर रहे थे।

उन्हें देखकर राम लक्ष्मण से बोले, "हे लक्ष्मण! महर्षि अगस्त्य के आश्रम के अद्भुत प्रभाव से जन्मजात शत्रु भी, एक दूसरे की हत्या करना भूलकर, परस्पर स्नेह का बर्ताव कर रहे हैं। यह महर्षि के तपोबल का ही प्रभाव है। यहाँ आकर राक्षस भी उपद्रव करना भूल जाते हैं। मैंने सुना है कि महर्षि अगस्त्य से प्रभावित होकर अनेक राक्षसों ने अपनी तामसी वृति को त्याग दिया है और महर्षि के अनन्य भक्त बन गये हैं। इस युग के ऋषि-मुनियों में महामुनि अगस्त्य का स्थान सर्वोपरि है। उनकी कृपा से यहाँ के देवता, राक्षस, यक्ष, गन्धर्व, नाग, किन्नर आदि सब मानवीय धर्मों का पालन करते हुये अत्यंत प्रेमपूर्वक अपना जीवन यापन करते हैं। इस शान्तिप्रद वन में चोर, डाकू, लम्पट, दुराचारी व्यक्ति आने का साहस नहीं करते। ऐसे महात्मा महर्षि के दर्शन का सौभाग्य आज हमें प्राप्त होगा। तुम आश्रम में जाकर मेरे आने की सूचना दो।"

राम की आज्ञा पाकर लक्ष्मण आश्रम के भीतर गये और महर्षि के एक शिष्य से बोले, "हे सौम्य! कृपा करके तुम महर्षि अगस्त्य को सादर सूचित करो कि अयोध्या के तेजस्वी सम्राट

दशरथ के ज्येष्ठ पुत्र श्री रामचन्द्र जी अपनी पत्नी जनकनन्दिनी सीता के साथ उनके दर्शन के लिये पधारे हैं। वे आश्रम में प्रवेश की अनुमति की प्रतीक्षा कर रहे हैं।"

शिष्य से लक्ष्मण का संदेश सुनकर अगस्त्य मुनि बोले, "तुमने यह अत्यन्त आनन्ददायक समाचार सुनाया है। राम की प्रतीक्षा करते हुये मेरे नेत्र थक गये थे। तू जल्दी से जाकर राम को सीता और लक्ष्मण के साथ मेरे पास ले आ।"

शिष्य राम, सीता और लक्ष्मण को लेकर मुनि के पास पहुँचा जो पहले से ही उनके स्वागत के लिये कुटिया के बाहर आ चुके थे। तेजस्वी मुनि को स्वयं स्वागत के लिये बाहर आया देख राम ने श्रद्धा से सिर झुका कर उन्हें प्रणाम किया। सीता और लक्ष्मण ने भी उनका अनुसरण किया। अगस्त्य मुनि ने प्रेमपूर्वक उन सबको बैठने के लिये आसन दिये। कुशलक्षेम पूछने तथा फल-फूलों से उनका सत्कार करने के पश्चात् वे बोले, "हे राम! मैंने दस वर्ष पूर्व तुम्हारे दण्डक वन में प्रवेश करने का समाचार सुना था। उसी समय से मैं तुम्हारी प्रतीक्षा कर रहा हूँ। यह मेरा सौभाग्य है कि आज मेरी इस कुटिया में तुम जैसा धर्मात्मा, सत्यपरायण, प्रतिज्ञापालक, पितृभक्त अतिथि आया है। मेरी कुटिया तुम्हारे आगमन से धन्य हो गई है।"

इसके पश्चात् महर्षि ने राम को कुछ दैवी अस्त्र-शस्त्र देते हुये कहा, "हे राघव! देवासुर संग्राम के समय से ये कुछ दिव्य अस्त्र मेरे पास रखे थे। आज इन्हें मैं तुम्हें देता हूँ। इनका जितना उचित उपयोग तुम कर सकते हो अन्य कोई धर्मपरायण योद्धा नहीं कर सकता। इस धनुष का निर्माण विश्वकर्मा ने स्वर्ण और वज्र के सम्मिश्रण से किया है। ये बाण स्वयं ब्रह्मा जी ने दिये थे। सूर्य के समान देदीप्यमान ये बाण कभी व्यर्थ नहीं जाते। इन्द्र के द्वारा प्रदत्त यह तरकस भी मैं तुम्हें दे रहा हूँ। इनमें अग्नि की भाँति दाहक बाण भरे हुये हैं। यह खड्ग कभी न टूटने वाला है चाहे इस पर कैसा ही वार किया जाय। इन अस्त्र-शस्त्रों को धारण कर के तुम इन्द्र की भाँति अजेय हो जाओगे। इनकी सहायता से इस दण्डक वन में जो राक्षस हैं, उनका नाश करो।"

राम ने महर्षि के इस उपहार के लिये उन्हें अनेक धन्यवाद दिये और बोले, "मुनिराज! आपने मुझे इन अस्त्र-शस्त्रों के योग्य समझा, यह आपकी मुझ पर अत्यन्त अनुकम्पा है जो। मैं अवश्य ही इनका उचित उपयोग करने का प्रयास करूँगा।"

मुनि ने कहा, "नहीं राम! इसमें अनुकम्पा की कोई बात नहीं है। तुम मेरे आश्रम में आने वाले असाधारण अतिथि हो। तुम्हें देख कर मैं कृत-कृत्य हो गया हूँ। लक्ष्मण भी कम महत्वपूर्ण अतिथि नहीं है। ऐसा प्रतीत होता है कि इनकी विशाल बलिष्ठ भुजाएँ विश्व पर विजय पताका फहराने के लिये ही बनाई गई है। और जानकी का तो पति-प्रेम तथा पति-निष्ठा संसार की स्त्रियों के लिये अनुकरणीय आदर्श हैं। इन्होंने कभी कष्टों की छाया भी नहीं देखी, तो भी केवल पति-भक्ति के कारण तुम्हारे साथ इस कठोर वन में चली आई हैं। इनका अनुकरण करके सन्नारियाँ स्वर्ग की अधिकारिणी हो जायेंगी। तुम तीनों को अपने बीच में पाकर मेरा हृदय प्रफुल्लित हो उठा है। तुम लोग लम्बी यात्रा करके आये हो, थक गये

होगे। अतएव अब विश्राम करो। मेरी तो इच्छा यह है कि तुम लोग वनवास की शेष अवधि यहीं व्यतीत करो। यहाँ तुम्हें किसी प्रकार का कष्ट न होगा।"

ऋषि के स्नेहयुक्त वचन सुन कर राम ने हाथ जोड़ कर उत्तर दिया, "हे मुनिराज! जिनके दर्शन बड़े-बड़े राजा-महाराजाओं तथा दीर्घकाल तक तपस्या करने वाले ऋषि-मुनियों को भी दुर्लभ हैं, उनके दर्शन का सौभाग्य मुझे आज प्राप्त हुआ है। भला इस संसार में मुझसे बढ़ कर भाग्यशाली कौन होगा? आपकी इस महान कृपा और अतिथि सत्कार के लिये मैं सीता और लक्ष्मण सहित आपका अत्यन्त कृतज्ञ हूँ। आपकी आज्ञा का पालन करते हुये हम लोग आज की रात्रि अवश्य यहीं विश्राम करेंगे किन्तु वनवास की शेष अवधि आपके मनोरम आश्रम में हृदय से चाहते हुये भी बिताना सम्भव नहीं होगा। मैं आपकी तपस्या में किसी भी प्रकार की बाधा उपस्थित नहीं करना चाहता, परन्तु आपकी सत्संगति के लाभ से भी वंचित नहीं होना चाहता। इसलिये कृपा करके आपके इस आश्रम के निकट ही कोई ऐसा स्थान बताइये जो फलयुक्त वृक्षों, निर्मल जल तथा शान्त वातावरण से युक्त सघन वन हो। वहाँ मैं आश्रम बना कर निवास करूँगा।"

अगस्त्य मुनि ने कुछ क्षण विचार करके उत्तर दिया, "हे राम! तुम्हारे यहाँ रहने से मुझे कोई असुविधा नहीं होगी। यदि फिर भी तुम किसी एकान्त स्थान में अपना आश्रम बनाना चाहते हो तो यहाँ से आठ कोस दूर पंचवटी नामक महावन है। वह स्थान वैसा ही है जैसा तुम चाहते हो। वहाँ पर गोदावरी नदी बहती है। वह स्थान अत्यन्त रमणीक, शान्त, स्वच्छ एवं पवित्र है। सामने जो मधुक वन दिखाई देता है, उत्तर दिशा से पार करने के पश्चात् तुम्हें एक पर्वत दृष्टिगोचर होगा। उसके निकट ही पंचवटी है। वह स्थान इतना आकर्षक है कि उसे खोजने में तुम्हें कोई कठिनाई नहीं होगी।"

मुनि का आदेश पाकर सन्ध्यावन्दन आदि करके राम ने सीता और लक्ष्मण के साथ रात्रि अगस्त्य मुनि के आश्रम में ही विश्राम किया। प्रातःकालीन कृत्यों से निवृत होकर महामुनि से विदा हो राम ने अपनी पत्नी तथा अनुज के साथ पंचवटी की ओर प्रस्थान किया।

7
पंचवटी में आश्रम

- **पंचवटी में आश्रम**

पंचवटी की ओर जाते समय मार्ग में राम, सीता और लक्ष्मण की दृष्टि एक विशालकाय गृद्ध पर पड़ी। लक्ष्मण ने उसे कोई राक्षस समझा और उसका परिचय पाने के उद्देश्य से उससे पूछा, "तुम कौन हो?"

इस प्रश्न के उत्तर में उसने मधुर वाणी में कहा, "तात्! मैं आपके पिता का मित्र हूँ। मैं गृद्ध जाति के यशस्वी व्यक्ति अरुण का पुत्र हूँ और मेरा नाम जटायु है। कृपा करके आप मुझे अपने साथ रहने की अनुमति दें ताकि आपके साथ रहकर मैं सेवक की भाँति आपकी सेवा कर सकूँ।"

इस प्रकार से अनुमति प्राप्त कर वह राम और लक्ष्मण के साथ चलने लगा।

पंचवटी पहुँचने पर राम ने लक्ष्मण से कहा, "सौम्य! महर्षि अगस्त्य ने हमें जिस स्थान का परिचय दिया था वहाँ हम पहुँच चुके हैं। यही पंचवटी प्रदेश है। सामने गोदावरी नदी भी प्रवाहित हो रही है। अतः तुम किसी जलाशय के निकट रमणीय दृश्य वाले योग्य स्थान का चयन करके उस पर आश्रम बनाने की तैयारी करो।"

लक्ष्मण ने आश्रम बनाने के लिये गोदावरी के तट पर एक स्थान का चयन किया जहाँ पर पुष्पों से लदे वृक्ष अत्यन्त मनोहर प्रतीत हो रहे हैं। वह स्थान चारों तरफ से पुष्पों, गुल्मों तथा लता-वल्लरियों से युक्त साल, ताल, तमाल, खजूर, कटहल, जलकदम्ब, तिनिश, पुंनाग, आम, अशोक, तिलक, केवड़ा, चम्पा, स्यन्दन, चन्दन, कदम्ब, पर्णास, लकुच धव, अश्वकर्ण, खैर शमी, पलाश आदि वृक्षों से घिरा हुआ था। निकट ही गोदावरी नदी प्रवाहित हो रही थी जिसमें हंस और कारण्डव आदि पक्षी विचर रहे थे। चकवे उसकी शोभा बढ़ाते थे और पानी पीने के लिये आये हुए मृगों के झुंड उसके तट पर छाये रहते थे।

लक्ष्मण ने वहाँ पर लकड़ियों तथा घास-फूसों की सहायता से शीघ्रतापूर्वक एक कुटिया का निर्माण कर लिया। फिर उसी कुटिया के निकट उन्होंने सुन्दर लता-पल्लवों की सहायता

से एक और कुटिया का निर्माण किया और उस में सुन्दर स्तम्भों से युक्त यज्ञ वेदी बनाई। उसके बाद उन्होंने दोनों कुटियाओं को घेरते हुये चारों ओर काँटों की बाड़ लगा दी।

इस प्रकार आश्रम का निर्माण कर लेने के पश्चात् लक्ष्मण ने राम और सीता को बुला कर आश्रम का निरीक्षण कराया। वे इस सुन्दर आश्रम को देख कर अत्यंत प्रसन्न हुये। लक्ष्मण की सराहना करते हुये राम बोले, "लक्ष्मण! तुमने तो इस दुर्गम वन में भी राजप्रासाद जैसा सुविधाजनक निवास स्थान बना दिया। तुम्हारे कारण तो मुझे वन में भी घर से अधिक सुख-सुविधा प्राप्त हो रही है।"

फिर उन दोनों के साथ बैठ कर राम ने यज्ञ-कुटीर में हवन किया। वे वहाँ सुखपूर्वक रहने लगे और लक्ष्मण दत्तचित्त होकर उन दोनों की सेवा करने लगे। इस प्रकार वहाँ पर शरद ऋतु के दो मास सुखपूर्वक व्यतीत हो गये।

अब हेमन्त ऋतु का आगमन हो चुका था। एक दिन प्रातः बेला में राम सीता के साथ गोदावरी में स्नान करने के लिये जा रहे थे। लक्ष्मण उनके पीछे-पीछे घड़ा उठाये चल रहे थे। सरिता के तट पर पहुँचने पर लक्ष्मण को ध्यान आया कि हेमन्त ऋतु रामचन्द्र जी की सबसे प्रिय ऋतु रही है। वे तट पर घड़े को रख कर बोले, "भैया! यह वही हेमन्त काल है जो आपको सर्वाधिक प्रिय रही है। आप इस ऋतु को वर्ष का आभूषण कहा करते थे। अब शीत अपने चरमावस्था में पहुँच चुकी है। सूर्य की किरणों का स्पर्श प्रिय लगने लगा है। पृथ्वी अन्नपूर्णा बन गई है। गोरस की नदियाँ बहने लगी हैं। राजा-महाराजा अपनी-अपनी चतुरंगिणी सेनाएँ लेकर शत्रुओं को पराजित करने के लिये निकल पड़े हैं। सूर्य के दक्षिणायन हो जाने के कारण उत्तर दिशा की शोभा समाप्त हो गई है। अग्नि की उष्मा प्रिय लगने लगा है। रात्रियाँ हिम जैसी शीतल हो गई हैं। जौ और गेहूँ से भरे खेतों में ओस के बिन्दु मोतियों की भाँति चमक रहे हैं। ओस के जल से भीगी हुई रेत पैरों को घायल कर रही है। उधर भैया भरत अयोध्या में रहते हुये भी वनवासी का जीवन व्यतीत करते हुये शीतल भूमि पर शयन करते होंगे। वे भी सब प्रकार के ऐश्वर्यों को त्याग कर आपकी भाँति त्याग एवं कष्ट का जीवन व्यतीत कर रहे होंगे। हे तात! विद्वजन कहते हैं कि मनुष्य का स्वभाव उसकी माता के अनुकूल होता है, पिता के नहीं, किन्तु भरत ने इस कथन को मिथ्या सिद्ध कर दिया है। उनका स्वभाव अपनी माता के क्रूर स्वभाव जैसा कदापि नहीं है। हमारे और सम्पूर्ण देश के दुःख का कारण वास्तव में उनकी माता का क्रूर स्वभाव ही है।"

लक्ष्मण के कैकेयी के लिये निन्दा भरे अंतिम वाक्यों को सुन कर राम बोले, "लक्ष्मण! इस प्रकार तुम्हें माता कैकेयी की निन्दा नहीं करना चाहिये। वनवास में हमने तापस धर्म ग्रहण किया है और तपस्वी के लिये किसी की निन्दा करना या सुनना दोनों ही पाप है। कैकेयी जैसी भरत की माता हैं, वैसी ही हमारी भी माता हैं। हमें भरत के द्वारा चित्रकूट में आकर कहे हुये विनम्र, मधुर एवं स्नेहयुक्त वचनों को ही स्मरण रखना चाहिये। मैं तो हम चारों भाइयों के पुनः प्रेमपूर्वक मिलन वाले दिन की व्यग्रता से प्रतीक्षा कर रहा हूँ।"

इस प्रकार भरत के वियोग में व्याकुल राम सीता और लक्ष्मण के साथ गोदावरी के शीतल जल में स्नान कर के अपने आश्रम वापस आये।

8

शूर्पणखा

* शूर्पणखा

पंचवटी के अपने आश्रम में रामचन्द्र सीता के साथ सुखपूर्वक रहने लगे। एक दिन जब राम और लक्ष्मण वार्तालाप कर रहे थे तो वहाँ पर अकस्मात् रावण की बहन शूर्पणखा नामक राक्षसी आ पहुँची। वह राम के तेजस्वी मुखमण्डल, कमल-नयन तथा नीलाम्बुज सदृश शरीर की कान्ति को चकित होकर देख रही थी। राम का मुख सुन्दर था किन्तु शूर्पणखा का मुख अत्यन्त कुरूप था। राम का कटिप्रदेश एवं उदर क्षीण था किन्तु शूर्पणखा बेडौल लंबे पेट वाली थी। राम के नेत्र विशाल एवं मनोहर थे किन्तु शूर्पणखा की आँखें कुरूप तथा डरावनी थीं। राम की वाणी मधुर थी किन्तु शूर्पणखा भैरवनाद करने वाली थी। राम का रुप मनोहर था किन्तु शूर्पणखा का रूप वीभत्स एवं विकराल था।

उन्हें देख कर उसके हृदय में वासना का भाव जागृत हो उठा। इच्छानुसार रूप धारण करने वाली वह राक्षसी मनोहर रूप बनाकर राम के पास पहुँची और बोली, "तुम कौन हो? राक्षसों के इस देश में तुम कैसे आ गये? तुम्हारा वेश तो तपस्वियों जैसा है, किन्तु हाथों में धनुष बाण भी है। साथ में स्त्री भी है। ये बातें परस्पर विरोधी हैं। तुम मुझे अपना परिचय दो"

राम ने सरल भाव से कहा, "हे देवि! मैं अयोध्या के चक्रवर्ती नरेश महाराजा दशरथ का ज्येष्ठ पुत्र राम हूँ। मेरे साथ मेरा छोटा भाई लक्ष्मण और जनकपुरी के महाराज जनक की राजकुमारी तथा मेरी पत्नी सीता हैं। पिताजी की आज्ञा से हम चौदह वर्ष के लिये वनों में निवास करने के लिये आये हैं। यही हमारा परिचय है। अब तुम अपना परिचय देकर मेरी इस जिज्ञासा को शान्त करो क्योंकि मुझे प्रतीत होता है कि तुम कोई इच्छानुसार रूप धारण करने वाली राक्षसी हो?"

राम के प्रश्न का उत्तर देते हुए वह राक्षसी बोली, "मेरा नाम शूर्पणखा है। मैं लंका के नरेश परम प्रतापी महाराज रावण की बहन हूँ। समस्त संसार में विख्यात विशालकाय कुम्भकरण और परम नीतिवान विभीषण भी मेरे भाई हैं। वे सब लंका में निवास करते हैं। पंचवटी के

स्वामी अत्यन्त पराक्रमी खर और दूषण भी मेरे भाई हैं। संसार में शायद ही कोई वीर ऐसा होगा जो इन दोनों भाइयों के साथ समरभूमि में युद्ध करके उन्हें पराजित कर सके। मैं सर्व प्रकार से सम्पन्न हूँ और अपनी इच्छा तथा शक्ति से समस्त लोकों में विचरण कर सकती हूँ। यह तुम्हारी पत्नी सीता मेरी दृष्टि में कुरूप, ओछी, विकृत मानवी है और तुम्हारे योग्य नहीं है। अतः तुम मेरे पति बन जाओ, मैं ही तुम्हारे अनुरूप हूँ। इस अबला सीता को लेकर तुम क्या करोगे। तुम्हारी भार्या बनने के पश्चात् मैं तुम्हारे भाई और सीता को खा जाउँगी और तुम्हारे साथ विचरण करूँगी।"

उसके प्रस्ताव के उत्तर में राम मुसकाते हुए बोले, "भद्रे! तुम देख रही हो कि मैं विवाहित हूँ और मेरी पत्नी मेरे साथ है। हाँ, मेरा भाई लक्ष्मण यहाँ अकेला है। वह सुन्दर, शीलवान एवं बल-पराक्रम से सम्पन्न है। यदि तुम चाहो तो उसे सहमत करके उससे विवाह कर सकती हो।"

राम का उत्तर सुन शूर्पणखा ने लक्ष्मण के पास जाकर कहा, "हे राजकुमार! तुम सुन्दर हो और मैं युवा हूँ। तुम्हारे इस सुन्दर रूप के योग्य मैं ही हूँ, अतः मैं ही तुम्हारी परम सुन्दरी भार्य हो सकती हूँ। मुझे अंगीकार कर लेने पर तुम मेरे साथ इस दण्डकारण्य में सुखपूर्वक विचरण कर सकोगे।"

शूर्पणखा के इस विवाह प्रस्ताव को सुन कर वाक्-पटु लक्ष्मण ने कहा, "सुन्दरी! मैं राम का एक तुच्छ सा दास हूँ। मुझसे विवाह करके तुम केवल दासी कहलाओगी। अच्छा यही है कि तुम राम से ही विवाह कर के उनकी छोटी भार्या बन जाओ। तुम्हारा रूप-सौन्दर्य उन्हीं के योग्य है।"

लक्ष्मण के परिहास को न समझ कर शूर्पणखा ने उसे अपनी प्रशंसा समझा। वह पुनः राम के पास जा कर क्रोध से बोली, "हे राम! इस कुरूपा सीता के लिये तुम मेरा विवाह प्रस्ताव अस्वीकार कर के मेरा अपमान कर रहे हो। इसलिये पहले मैं इसे ही मार कर समाप्त किये देती हूँ। फिर तुम्हारे साथ विवाह कर के मैं अपना जीवन आनन्दपूर्वक व्यतीत करूँगी।"

इतना कह कर प्रचंड क्रोध करती हुई शूर्पणखा विद्युत वेग से सीता पर झपटी। राम ने उसके इस आकस्मिक आक्रमण को तत्परतापूर्वक रोका और लक्ष्मण से बोले, "हे वीर! इस दुष्टा राक्षसी से अधिक वाद-विवाद करना या इसके साथ हास्य विनोद करना उचित नहीं है। इसने तो जानकी की हत्या ही कर डाली होती। तुम्हें इस कुरूपा और कुलटा राक्षसी को उसके किसी अंग से विहीन कर देना चाहिये।"

राम की आज्ञा पाते ही लक्ष्मण ने तत्काल खड्ग निकाला और दुष्टा शूर्पणखा के नाक-कान काट डाले। पीड़ा और घोर अपमान के कारण रोती हुई शूर्पणखा अपने भाइयों, खर-दूषण, के पास पहुँची और घोर चीत्कार कर के उनके सामने गिर पड़ी।

९

रावण को शूर्पणखा का धिक्कार

- रावण को शूर्पणखा का धिक्कार

रावण के मारीच के पास से लंका लौट आने के कुछ काल पश्चात् ही शूर्पणखा उसके पास आ पहुँची। उस समय रावण अपने मन्त्रियों से घिरा हुआ था। स्वर्ण-सिंहासन पर आरूढ़ रावण वैसे ही शोभा पा रहा था जैसे सोने के ईंटों से निर्मित यज्ञवेदी में घी के द्वारा प्रज्वलित अग्नि। समरभूमि में साक्षात् यमराज की भाँति दिखाई पड़ने वाले रावण ने देवता, गन्धर्व आदि सभी को जीत लिया था। राजोचित लक्षणों से सम्पन्न रावण ने वैदूर्यमणि (नीलम) तथा तपाये हुए सोने से निर्मित आभूषणों से अलंकृत हो रहा था। उसके अंगों पर विष्णु के चक्र तथा देवताओं के विविध आयुधों के अनेक प्रहार हुए थे किन्तु इन प्रहारों के बाद भी उसका कोई भी अंग खण्डित नहीं हुआ था। वह रावण पर्वतशिखरों को तोड़कर फेंक देने वाला, देवताओं को रौंद डालने वाला, धर्म को जड़ से काट देने वाला, दूसरों की भार्याओं के सतीत्व का नाश करने वाला, यज्ञों में विघ्न डालने वाला तथा दिव्यास्त्रों का प्रयोग करने वाला था। उसने समुद्रों तथा पर्वतों पर विजय प्राप्त किया था, नागराज वासुकि को परास्त किया था, तक्षक की प्रिय पत्नी का हरण किया था, कुबेर पर विजय प्राप्त कर उससे पुष्पक विमान छीना था। इन्द्रादि समस्त देवता उससे भयभीत रहते थे, वायु देवता उस पर पंखा डुलाते थे, वरुण उसके यहाँ पानी भरता था और वह मृत्यु को भी परास्त करने की सामर्थ्य रखता था। उसने दस हजार वर्षों त घोर तपस्या करके तथा ब्रह्मा जी को अपने मस्तकों की बलि दे कर देवता, दानव, गन्धर्व, पिशाच, पक्षी और सर्पों से संग्राम में अभय प्राप्त कर लिया था। मनुष्य के सिवा अन्य किसी से भी उसे मृत्यु का भय नहीं रह गया था।

शूर्पणखा राम के द्वारा तिरस्कृत होकर अत्यन्त दुःखी हो रही थी। उसने रावण के पास आ कर क्रोध से फुँफकारते हुए कहा, "धिक्कार है तुम्हारे पराक्रम पर और तुम्हारे इन मन्त्रियों पर। तुम अपनी विलासिता में डूबे हुये हो। तुम सब तो सुरा और सुन्दरियों में व्यस्त रहते हो। हे नीतिवान रावण! क्या अब मुझे तुमको यह भी बताना पड़ेगा कि समय पर उचित कार्य न करने वाले और अपने देश की रक्षा के प्रति असावधान रहने वाले राजा के राज्य के नष्ट हो जाने में क्षणमात्र भी देर नहीं लगती। तुम्हें ज्ञात होना चाहिये कि वृक्ष से गिरे हुये पत्ते और राज्य से च्युत राजा का कोई मूल्य नहीं होता। प्रजा उसी राजा की पूजा करती है जो स्थूल आँखों से सोता है किन्तु नीति की आँखों से जागता है, जिसका क्रोध प्रलयंकर और प्रसन्नता सुखदायिनी है। जिस राजा के गुप्तचर सक्रिय और सतर्क नहीं रहते वह राज्य करने योग्य नहीं होता। तुम्हारे गुप्तचर तो मूर्ख, अयोग्य और आलसी हैं। तुम्हारी बुद्धि दूषित है और मन्त्री भी सर्वथा अयोग्य हैं। उन्हें अभी तक यह पता नहीं कि उनके राज्य दण्डकारण्य में कितनी भयंकर घटना घट चुकी है। मेरे वीर भ्राताओं खर-दूषण का चौदह सहस्त्र राक्षसों सहित संहार हो चुका है। जो ऋषि-मुनि कल तुम्हारे नाम से थर-थर काँपते थे वे आज सिर उठा कर निर्भय हो घूम रहे हैं। तुम तो राम द्वारा किये गये भीषण हत्याकाण्ड से अभी तक अपरिचित हो।"

शूर्पणखा के कटु वचनों से कुपित होकर रावण बोला, "शूर्पणखे! मुझे बताओ कि राम कौन है? उसका बल और पराक्रम कितना है? दुष्कर दण्डकवन में में उसने किसलिये प्रवेश किया है? उसके पास ऐसा कौन सा अस्त्र है जिससे उसने खर, दूषण और त्रिशिरा का सेना सहित संहार कर दिया? उसने तुझ जैसी सुन्दर अंगों वाली को क्यों कुरूप बना दिया?"

रावण के प्रश्नों का उत्तर देते हुए शूर्पणखा ने कहा, "हे भाई! महाबली राम अयोध्या नरेश दशरथ के पुत्र हैं। वे अत्यन्त निपुण धनुर्धारी हैं। वे अकेले और पैदल थे तो भी उन्होंने मात्र डेढ़ मुहूर्त (तीन घड़ी) में समस्त राक्षसों का संहार कर डाला। मैंने राम के बाणों की वर्षा से राक्षसों को मरते हुए तो देखा किन्तु यह नहीं देख पाई कि कब राम ने धनुष खींचा और कब बाण छोड़ा। स्त्री होने के कारण राम ने मेरा वध नहीं किया और केवल अपमानित करके छोड़ दिया। राम के समान ही पराक्रमी उसका भाई लक्ष्मण और अत्यन्त सुन्दरी उसकी पत्नी सीता भी उसके साथ है। इस भूतल पर मैंने आज तक सीता के समान रूपवती अन्य कोई स्त्री नहीं देखा है। जब मैं सीता को तुम्हारी भार्या बनाने के लिये लाने के लिये उद्यत हुई तो लक्ष्मण ने मुझे कुरूप बना दिया। सीता तुम्हारी ही भार्या बनने योग्य है अतः तुम उसे शीघ्रातिशीघ्र हर लाओ।"

शूर्पणखा का कथन सुनने तथा अपने मन्त्रियों से विचार विमर्ष करने के पश्चात् रावण ने सीता को हर लाने का निश्चय कर लिया। तत्काल उसने अपना रथ तैयार करवाया और उस पर सवार हो अपने मित्र मारीच के पास पहुँच गया।

मारीच ने रावण का समुचित सत्कार करके पूछा, "राजन्! लंका में सब कुशल तो है ना? आप इतनी जल्दी पुनः कैसे लौट आये?"

रावण बोला, "हे मारीच! क्रूर और मूर्ख राम ने अपने बल का आश्रय लेकर मेरे भाई खर और दूषण सेनासहित त्रिशिरा का वध कर दिया है। उसने मेरी बहन शूर्पणखा को भी कुरूप बना दिया है। तुम मेरे मित्र हो। मित्र ही संकट के समय मित्र की सहायता करता है। मैं जानता हूँ कि मेरे मित्रों और शुभचिन्तकों में तुमसे बढ़ कर बलवान, नीतिवान और मुझसे सच्चा स्नेह करने वाला और कोई नहीं है। अतः हे मारीच! मैं चाहता हूँ कि तुम रजत बिन्दुओं वाला स्वर्णमृग बन कर राम के आश्रम के सामने जाओ। तुम्हें देख कर सीता अवश्य राम-लक्ष्मण को तुम्हें पकड़ने के लिये भेजेगी। उन दोनों के चले जाने पर मैं अकेली सीता का अपहरण कर के ले जाऊँगा। राम को सीता का वियोग असह्य होगा और विरह की उस अवस्था में राम को मार डालना मेरे लिये कठिन नहीं होगा।"

रावण के वचन सुनकर मारीच बोला, "हे लंकापति! जैसे कि मैं मैं पहले भी कह चुका हूँ कि ऐसा करना तुम्हारे लिये उचित नहीं होगा। यह कार्य तुम्हारे जीवन के लिये काल बन जायेगा। आश्चर्य की बात है कि वेद-शास्त्रों के ज्ञाता होते हुये भी तुम परस्त्री हरण जैसा भयंकर पाप करने जा रहे हो। तुम्हें ज्ञात होना चाहिये कि राम के क्रोध से तुम बच नहीं सकोगे।"

मारीच के इस उत्तर से क्रुद्ध हो हाथ में खड्ग ले कर रावण बोला, "मारीच! मैं तुझे अपना मित्र समझ कर तेरे पास आया था। तेरा अनर्गल प्रलाप सुनने के लिये नहीं। तेरी कायरतापूर्ण युक्तियों को सुन कर मैं अपना विचार नहीं बदल सकता। सीता का हरण मैं अवश्य ही करूँगा और तू मेरे आज्ञा का पालन भी करेगा। यदि तू मेरी आज्ञा मान कर मेरे इस कार्य में सहायता नहीं करेगा तो राम-लक्ष्मण से पहले मैं तेरा वध करूँगा।"

रावण के क्रोध से भयभीत होकर मारीच ने अपनी सहमति दे दी। उसकी सहमति से प्रसन्न हो कर रावण बोला, "अब सिद्ध हो गया कि तू मेरा परम मित्र है।"

रावण उसे ले कर दण्डक वन में पहुँच राम के आश्रम की खोज करने लगा। जब आश्रम मिल गया तो मारीच ने रावण के निर्देशानुसार मृग का रूप धारण किया और आश्रम के निकट विचरण करने लगा। इस अद्भुत स्वर्णिम मृग की शोभा देख कर सीता आश्चर्यचकित रह गई और विस्मित हो कर उसके पास पहुँची। मायावी मारीच ने अपनी मृग-सुलभ क्रीड़ाओं से सीता का मन मुग्ध कर लिया।

10

स्वर्णमृग

- स्वर्णमृग

सीता की इच्छा इस अद्भुत मृग को पकड़ कर आश्रम में रखने की हुई। अतः वे राम को पुकारते हुए बोलीं, "हे आर्यपुत्र! आप और लक्ष्मण शीघ्र आइये। देखिये, कितना सुन्दर और अद्भुत स्वर्णमृग यहाँ विचरण कर रहा है।"

उस माया मृग को देख कर लक्ष्मण को सन्देह हुआ और उन्होंने राम से कहा, "तात! मुझे ऐसा प्रतीत होता है कि हमें छलने के लिये इस मृग के रूप में स्वेच्छारूपधारी मारीच ही आया है। हे जगत्पति! इस भूतल पर कहीं भी ऐसा विचित्र रत्नमय मृग नहीं है, अतः निःसन्देह यह माया ही है।"

लक्ष्मण को बीच में ही रोकते हुए सीता राम से बोली, "हे नाथ! यह मृग अत्यन्त सुन्दर है, इसने मेरे मन को मोह लिया है। आप अवश्य ही इसे पकड़ कर लाइये। जब हम वनवास समाप्त कर के अयोध्या लौटेंगे तो यह हमारे प्रासाद की शोभा बढ़ायेगा। यदि यह जीवित न पकड़ा जा सके तो इसे मार कर मृगछाला ही ले आइये। मैं उस पर आपके साथ बैठना चाहती हूँ।"

सीता के आग्रह को देख कर राम लक्ष्मण से बोले, "हे लक्ष्मण! निःसन्देह इस मृग का रूप अत्यंत मनोहर एवं आकर्षक है। यदि यह पकड़ा नहीं भी गया तो मारा तो अवश्य ही जायेगा। इसमें भी सन्देह नहीं है कि इसकी मृगछाला मनोहारी होगी। सीता का आग्रह पूर्ण करने के लिये इसे अवश्य ही पकड़ना चाहिये। तुम्हारी शंका के अनुसार यदि यह राक्षसी माया है तो भी इस राक्षस को मारना उचित ही होगा। तुम सीता की रक्षा करो। मैं इसे जीवित पकड़ने या मारने के लिये जाता हूँ।"

इतना कह कर राम अपने शस्त्रास्त्र धारण कर मायावी मृग के पीछे चल पड़े। राम को अपनी ओर आता देख मृग भी उछलता कूदता गहन वन के भीतर चला गया। वह विविध

वृक्षों, झाड़ियों के बीच कभी छिपता और कभी प्रकट होता कभी धीमी तो कभी द्रुत गति से भागने लगा। उसका पीछा करते-करते रामचन्द्र आश्रम से बहुत दूर निकल गये। अन्ततः मृग के दृष्टिगत होते ही क्रुद्ध हो कर राम ने एक तीक्ष्ण बाण छोड़ा जो मारीच के हृदय तक पहुँच गया। बाण लगते ही मारीच अपने असली वेश में धराशायी हो गया और राम के स्वर में 'हा सीते! हा लक्ष्मण! चीत्कार करते हुए मर गया।

उस राक्षस के मृत शरीर को तथा उसका अपने स्वर में चीत्कार करना देख कर राम को लक्ष्मण का कथन स्मरण हो आया। वास्तव में यह मारीच की माया ही निकली। उन्हें चिन्ता होने लगी कि मेरे स्वर में किये गये चीत्कार को सुन कर सीता की क्या दशा होगी। उन्हे किसी अनिष्ट की आशंका होने लगी और वे द्रुत गति से आश्रम की ओर लौट पड़े।

इधर जब सीता ने अपने पति के स्वर में 'हा सीते! हा लक्ष्मण!' सुना तो उन्होंने व्याकुल हो कर लक्ष्मण से कहा, "हे लक्ष्मण! प्रतीत होता है कि तुम्हारे भैया अवश्य ही किसी संकट में पड़ गये हैं। तुम शीघ्र जा कर उनकी सहायता करो। उनके दुःख भरे शब्द सुनकर मेरा हृदय चिन्ता से बहुत घबरा रहा है।"

आशंका से आतुर सीता के वचन सुन कर लक्ष्मण बोले, "हे आर्ये! इस प्रकार मैं आप को अकेला छोड़ कर नहीं जा सकता। भैया ने आपकी रक्षा का भार मुझे सौंपा है। आप धैर्य धारण करें, भैया अभी आते ही होंगे।"

दुःखी हो कर सीता बोलीं, "लक्ष्मण! ऐसा प्रतीत होता है कि तुम भाई के रूप में उनके शत्रु हो। इसीलिये उनके ऐसे आर्त स्वर सुन कर भी उनकी सहायता के लिये नहीं जाना चाहते। जब उनको ही कुछ हो गया तो मेरी रक्षा से क्या लाभ?"

इस प्रकार कहते हुये उनके नेत्रों से अश्रुधारा बहने लगी। सीता की यह दशा देख कर लक्ष्मण हाथ जोड़ कर बोले, "देवि! आप व्यर्थ दुःखी न हों। संसार में ऐसा कोई भी देवता, दानव, मनुष्य, गन्धर्व नहीं है जो भैया के पराक्रम का सामना कर सके। मायावी राक्षस नाना प्रकार के रूप धारण करते हैं और विविध प्रकार की बोलियाँ बोलते हैं, अतः आपको चिन्ता करने की आवश्यकता नहीं है। आप तनिक प्रतीक्षा करें, वे आते ही होंगे।"

लक्ष्मण के तर्कयुक्त वचनों ने सीता के क्रोध को और बढ़ा दिया। वे बोलीं, "लक्ष्मण! मैं तुम्हारे मनोभावों को भली-भाँति समझ रही हूँ। तुम राम के न रहने पर मुझे पा लेने की लालसा लेकर ही वन में चले आये हो। मैं तुम्हारी दुष्ट इच्छा को कभी पूरा नहीं होने दूँगी। राम के वियोग में मैं अपने प्राण त्याग दूँगी।"

सीता के ये वचन सुन कर लक्ष्मण का हृदय विदीर्ण हो उठा। वे बोले, "देवि! मैं आपकी बातों का कोई उत्तर नहीं दे सकता। स्त्रियों के द्वारा ऐसी अनुचित और प्रतिकूल बातें मुँह से निकालना कोई आश्चर्य की बात नहीं है क्योंकि संसार में नारियों का ऐसा स्वभाव प्रायः देखा जाता है। आज आप की बुद्धि भ्रष्ट हो गई है जो अपने अग्रज की आज्ञा पालन करने वाले अनुज पर ऐसा दुष्टतापूर्ण लांछन लगा रही हैं। मुझे संशय हो रहा है कि आज आप पर अवश्य कोई संकट आने वाला है। वन के समस्त देवता आपकी रक्षा करें। वन के देवता इसके

साक्षी हैं कि मैं आपके द्वारा बलात् भेजा जा रहा हूँ।"

लक्ष्मण के वचन सुनकर सीता के नेत्रों से अश्रुधारा बहने लगे और लक्ष्मण उस ओर चल दिये जिधर राम गये थे।

11

सीता हरण

- **सीता हरण**

लक्ष्मण के जाने के पश्चात् रावण को अवसर मिल गया। वह ब्राह्मण भिक्षुक का वेष धारण कर रावण सीता के पास आया और बोला, "हे सुन्दरी! तुम कोई वन देवी हो या लक्ष्मी अथवा कामदेव की प्रिया स्वयं रति हो? इस पृथ्वी पर तो मैंने तुम्हारे जैसी रूपवती, लावण्यमयी युवती मैंने आज तक इस संसार में नहीं देखा है। तुम कौन हो? किसकी कन्या हो? और इस वन में किस लिये निवास कर रही हो? कहाँ यह तुम्हारा तीनों लोकों में सबसे सुन्दर रूप, तुम्हारी सुकुमारता और कहाँ इस दुर्गम वन में निवास? यह स्थान तो इच्छानुसार रूप धारण करनेवाले भयंकर राक्षसों का निवासस्थान है। तुम यहाँ से चली जाओ, तुम यहाँ रहने योग्य नहीं हो।"

सीता ने कहा, "हे ब्राह्मण! मेरा नाम सीता है। मैं मिथिलानरेश जनक की पुत्री और अयोध्यापति दशरथ के ज्येष्ठ पुत्र श्री रामचन्द्र की पत्नी हूँ। पिता की आज्ञा से मेरे पति अपने भाई भरत को अयोध्या का राज्य दे कर चौदह वर्ष के लिये वनवास कर रहे हैं। उन पराक्रमी सत्यपरायण वीर के साथ मेरे तेजस्वी देवर लक्ष्मण भी हैं। आप अतिथि हैं अतः इस आसन पर बैठ कर यह जल और फल ग्रहण कीजिये। मेरे पति अभी आते ही होंगे। अब आप बताइये महात्मन्! आप कौन हैं और यहाँ किस उद्देश्य से पधारे हैं?"

सीता का प्रश्न सुन कर रावण गरज कर बोला, "हे सीते! मैं तीनों लोकों, चौदह भुवनों का विजेता महाप्रतापी लंकापति रावण हूँ जिसके नाम से देवता, दानव, यक्ष, किन्नर, गन्धर्व, मुनि सभी भयभीत रहते हैं। इन्द्र, वरुण, कुबेर जैसे देवता जिसकी सेवा कर के अपने आप को धन्य समझते हैं। मैं तुम्हारे लावण्यमय सौन्दर्य को देख कर अपनी सुन्दर रानियों को भी भूल गया हूँ और मैं तुम्हें ले जा कर अपनी भार्या बनाना चाहता हूँ। हे मृगलोचने! तुम मेरे साथ चल कर नाना देशों से आई हुई मेरी अत्यन्त सुन्दर रानियों पर पटरानी बन कर शासन

करो। मेरी नगरी लंका की सुन्दरता को देख कर तुम इस वन के कष्टों को भूल जाओगी। इसलिये मेरे साथ चलने को तैयार हो जाओ।"

रावण का नीचतापूर्ण प्रस्ताव सुन कर सीता क्रुद्ध स्वर में बोली, "हे अधम राक्षस! तुम परम तेजस्वी, अद्भुत पराक्रमी और महान योद्धा रामचन्द्र के पराक्रम को नहीं जानते इसीलिये तुम मेरे सम्मुख यह कुत्सित प्रस्ताव रखने का दुःसाहस कर रहे हो। अरे मूर्ख! क्या तू वनराज सिंह के मुख में से उसके दाँत उखाड़ना चाहता है? तेरे सिर पर काल नाच रहा है इसीलिये तू यह घृणित प्रस्ताव ले कर यहाँ आया है। तेरी मृत्यु ही तुझे यहाँ ले कर आई है।"

सीता के ये अपमानजनक वाक्य सुन कर रावण के अत्यन्त कुपित हो गया। आँखें लाल करते हुये उसने कहा, "सीते! तू मेरे बल और प्रताप को नहीं जानती। मैं आकाश में खड़ा हो कर पृथ्वी को गेंद की भाँति उठा सकता हूँ। अथाह समुद्र को एक चुल्लू में भर कर पी सकता हूँ। मैं तुझे लेने के लिये आया हूँ और ले कर ही जाउँगा।"

यह कह कर रावण ने अपने ब्राह्मण वेश को त्याग कर विकराल रूप धारण कर लिया और दोनों हाथों से सीता को उठा कर अपने कंधे पर बिठा निकटवर्ती खड़े विमान पर जा सवार हुआ। इस प्रकार अप्रत्यशित रूप से पकड़े जाने पर सीता ने 'हा राम! हा राम!!' कहते हुये स्वयं को रावण के हाथों से छुड़ाने का प्रयास किया। परन्तु बलवान रावण के सामने उनकी एक न चली। उसने उन्हें बाँध कर विमान में एक ओर डाल दिया और तीव्र गति से लंका की ओर चल पड़ा। सीता निरन्तर विलाप किये जा रही थी, "हा राम! पापी रावण मुझे लिये जा रहा है। हे लक्ष्मण! तुम कहाँ हो? तुम्हारी बलवान भुजाएँ इस समय इस दुष्ट से मेरी रक्षा क्यों नहीं करतीं? हाय! आज कैकेयी की मनोकामना पूरी हुई।"

इस प्रकार विलाप करती हुई सीता ने मार्ग में खड़े जटायु को देखा। जटायु को देखते ही सीता चिल्लाई, "हे आर्य जटायु! देखो, लंका का यह दुष्ट राजा रावण मेरा अपहरण कर के लिये जा रहा है। इस नराधम से आप मेरी रक्षा करने में आप असमर्थ हैं क्योंकि यह बलवान है और अनेक युद्धों में विजय पाने के कारण इसका दुस्साहस बढ़ा हुआ है। आप रावण द्वारा मेरे हर लिये जाने का यह वृतान्त मेरे पति से तो अवश्य ही कह देना।"

12

जटायु वध

- जटायु वध

सीता की करुण पुकार सुन कर जटायु ने उस ओर देखा तथा रावण को सीता सहित विमान में जाते देख बोले, "अरे रावण! तू एक पर-स्त्री का अपहरण कर के ले जा रहा है। अरे लंकेश! यह महाप्रतापी श्री रामचन्द्र जी की भार्या है। एक राजा होकर तू ऐसा निन्दनीय कर्म कैसे कर रहा है? राजा का धर्म तो पर-स्त्री की रक्षा करना है। तू काम के वशीभूत हो कर अपना विवेक खो बैठा है। छोड़ दे राम की पत्नी को। हे रावण! मेरे समक्ष तू सीता को नहीं ले जा सकता। प्राण रहते तक मैं सीता की रक्षा करूँगा। ठहर! मैं अभी आता हूँ तुझसे युद्ध करने।"

जटायु के इन कठोर अपमानजनक शब्दों को सुन कर रावण उसकी ओर झपटा जो सीता को मुक्त कराने के लिये विमान की ओर तेजी से बढ़ रहा था। विशालाकार दो पर्वतों की भाँति वे एक दूसरे से टकराये। क्रुद्ध जटायु ने अपने पराक्रम से दो बार रावण के धनुष को तोड़ डाला, उसके रथ को तहस-नहस कर डाला और रावण के सारथि का वध कर डाला। उन्होंने मार-मार कर रावण को घायल कर दिया। घायल होने के बाद भी, रावण वृद्ध और दुर्बल जटायु से अधिक शक्तिशाली था। अवसर पा कर उसने जटायु की दोनों भुजायें काट दीं। पीड़ा से व्याकुल हो कर मूर्छित हो वह पृथ्वी पर गिर पड़ा।

जटायु को भूमि पर गिरते देख जानकी "हा राम! हा लक्ष्मण!!" कह कर विलाप करने लगीं। रावण ने सीता को उसके केश पकड़ कर उठा लिया और आकाशमार्ग से लंका की ओर उड़ने लगा। उस समय उन्नत भाल वाली, सुन्दर कृष्ण केशों वाली, गौरवर्णा, मृगनयनी जानकी का सुन्दर मुख रावण की गोद में पड़ा ऐसा प्रतीत हो रहा था जैसे पूर्णमासी का चन्द्रमा नीले बादलों को चीर कर चमक रहा हो। सीता का क्रन्दन सुन कर वन के सिंह, बाघ, मृग आदि रावण से कुपित हो कर उसके विमान के नीचे उसके पीछे पीछे दौड़ने लगे। पर्वतों से गिरते हुये जल-प्रपात ऐसे प्रतीत हो रहे थे मानों वे भी सीता के दुःख से दुःखी हो कर करुण

क्रन्दन करते हुये अश्रु बहा रहे हों। श्वेत बादल से आच्छादित सूर्य भी ऐसा प्रतीत हो रहा था जैसे अपनी कुलवधू की दुर्दशा देख कर उसका मुख श्रीहीन हो गया हो। सब सीता के दुःख से दुःखी हो रहे थे।

दुष्ट रावण से मुक्ति का कोई उपाय न देखकर सीता दीनतापूर्वक परमात्मा से प्रार्थना करने लगी, "हे परमपिता परमात्मा! हे प्रभो! मेरी रक्षा करो, रक्षा करो! हे सर्वशक्तिमान! इस समय मेरी रक्षा करने वाला तुम्हारे अतिरिक्त और कोई नहीं है। हे दयामय! मेरे सतीत्व की रक्षा करने वाले केवल तुम ही हो।"

मार्ग में सीता ने नीचे एक पर्वत पर पाँच वानरों को बैठे देखा। उनको देख कर सीता ने, यह सोचकर कि शायद ये राम को मेरा समाचार बता सकें, अपने सुनहरे रंग की रेशमी चादर में वस्त्र-आभूषण बाँधकर उसे उन वानरों के बीच गिरा दिया। तीव्र गति से उड़ने में व्यस्त रावण को सीता के इस कार्य का बोध नहीं हो पाया।

वनों, पर्वतों और सागर को पार करता हुआ रावण सीता सहित लंकापुरी में पहुँचा। वहाँ उसने सीता को मय दानव द्वारा निर्मित सुन्दर महल में रखा और क्रूर राक्षसियों को बुला कर आज्ञा दी, "मेरी आज्ञा के बिना कोई भी इस स्त्री से मिलने न पावे। यह जो भी वस्त्र, आभूषण, खाद्यपदार्थ माँगे, वह तत्काल इसे दिया जाय। इसे किसी भी प्रकार का कष्ट नहीं होना चाहिये और न कोई इसका तिरस्कार करे। अवज्ञा करने वालों को दण्ड मिलेगा।"

इस प्रकार राक्षसनियों को आदेश दे कर अपने महल में पहुँचा। वहाँ उसने अपने आठ शूरवीर सेनापतियों को बुला कर आज्ञा दी, "तुम लोग जा कर दण्डक वन में रहो। हमारे जनस्थान को राम लक्ष्मण नामक दो तपस्वियों ने उजाड़ दिया है। तुम वहाँ रह कर उनकी गतिविधियों पर दृष्टि रखो और उनकी सूचना मुझे यथाशीघ्र देते रहो। अवसर पा कर उन दोनों की हत्या कर डालो। मैं तुम्हारे पराक्रम से भली-भाँति परिचित हूँ इसीलिये उन्हें मारने का दायित्व तुम्हें सौंप रहा हूँ।"

उन्हें इस प्रकार आदेश दे कर वह कामी राक्षस वासना से पीड़ित हो कर सीता से मिलने के लिये चल पड़ा।

13
रावण-सीता संवाद

दुःख से कातर और राम के वियोग में अश्रु बहाती हुई सीता के पास जा कर रावण बोला, "शोभने! अब उस राज्य से च्युत, दीन, तपस्वी राम के लिये अश्रु बहाना व्यर्थ है। राम में इतनी शक्ति कहाँ है कि यहाँ तक आने का मनोरथ भी कर सके। तू उसे विस्मृत कर दे। विशाललोचने! तू मुझे पति के रूप में अंगीकार ले। समुद्र से घिरे सौ योजन विस्तार वाले अपने इस राज्य को मैं तुझे अर्पित कर दूँगा। मैं, जो तीनों लोकों का स्वामी हूँ, तेरे चरणों का दास बन कर रहूँगा। मेरी समस्त सुन्दर रानियाँ तेरी दासी बन कर रहेंगी। समस्त देव, दानव, नर, किन्नर जो मेरे दास हैं, तेरे दास बन कर रहेंगे। तेरे पहले के दुष्कर्म तुझे वनवास का कष्ट देकर समाप्त हो चुके हैं और अब तेरा पुण्यकर्म ही शेष रह गया है। अब मेरे साथ यहाँ रह कर समस्त प्रकार के पुष्पहार, दिव्य गंध और श्रेष्ठ आभूषण आदि का सेवन कर। सुमुखि! तेरा यह कमल के समान सुन्दर, निर्मल और मनोहर मुख शोक से पीड़ित होकर शोभाहीन हो गया है, मुझे स्वीकार करके उसे पुनः शोभायमान कर। धर्म और लोकलाज का भय निर्मूल है, यह सब मात्र तेरे मिथ्या विचार हैं। किसी सुन्दरी का युद्ध में हरण कर के उसके साथ विवाह करना भी तो वैदिक रीति का ही एक अंग है। इसलिये तू निःशंक हो कर मेरी बन जा। मैं तेरे इन कोमल चरणों पर अपने ये दसों मस्तक रख रहा हूँ, मुझ पर शीघ्र कृपा कर।"

रावण के इन वचनों को सुन कर शोक से कष्ट पाती हुई वैदेही, अपने और रावण के बीच में तिनके का ओट करके, बोली, "हे नराधम! परम पराक्रमी, धर्मपरायण एवं सत्यप्रतिज्ञ दशरथनन्दन श्री रामचन्द्र जी ही मेरे पति हैं। मैं उनके अतिरिक्त किसी अन्य की ओर दृष्टि तक भी नहीं कर सकती। यदि तूने मुझे बलपूर्वक मेरा अपहरण किया होता तो अपने भाई खर की तरह जनस्थान के युद्धस्थल पर ही मारा गया होता किन्तु तू कायरों की तरह मुझे चुरा लाया है। तेरे इस अनर्गल प्रलाप से ऐसा प्रतीत होता है कि अब लंका सहित तेरे

विनाश का समय आ गया है। तू इस भ्रम में मत रह कि यदि देवता और राक्षस तेरा कुछ नहीं बिगाड़ सके तो राम भी तुझे नहीं मार सकेंगे। उनके हाथों से ही तेरी मृत्यु निश्चित है। अब तेरा जीवनकाल समाप्तप्राय हो चुका है। तेरे तेज, बल और बुद्धि तो पहले ही नष्ट हो चुके हैं। और जिसकी बुद्धि नष्ट हो चुकी होती है, उसका विनाश-काल दूर नहीं होता। अरे राक्षसाधम! तू महापापी है इसलिये मेरा स्पर्श नहीं कर सकता। तूने कभी सोचा भी है कि कमलों में विहार करने वाली हंसिनी क्या कभी कुक्कुट के साथ रह सकती है? तू मेरे इस संज्ञाशून्य जड़ शरीर को बाँध कर रख ले या काट डाल पर मैं कलंक देने वाला कोई भी निन्दनीय कार्य नहीं कर सकती।"

सीता के कठोर एवं अपमानजनक वाक्य सुन कर रावण कुपित हो कर बोला, "हे मनोहर हास्य वाली भामिनी! मैं तुझे बारह माह का समय देता हूँ। यदि एक वर्ष के अन्दर तू स्वेच्छापूर्वक मेरे पास नहीं आई तो मैं तेरे टुकड़े-टुकड़े कर दूँगा।"

फिर वह राक्षसनियों से बोला, "तुम इसे यहाँ से अशोक वाटिका में ले जा कर रखो और जितना भय और कष्ट दे सकती हो, दो।"

लंकापति रावण की आज्ञा पाकर राक्षसनियाँ सीता को अशोक वाटिका में ले गईं। अशोक वाटिका एक रमणीय स्थल था किन्तु पति वियोग और निशाचरी दुर्व्यवहार के कारण सीता वहाँ अत्यन्त दुःखी थीं।

सीता का अशोकवाटिका में प्रवेश जानकर पितामह ब्रह्मा देवराज इन्द्र के पास आये और बोले, "सदा सुख में पली हुई पतिव्रता महाभागा सीता पति के चरणों के दर्शन से वंचित होने के कारण दुःख और चिन्ताओं से सन्तप्त हो गई हैं और प्राणयात्रा (भोजन) नहीं कर रही हैं। ऐसी दशा में निःसन्देह वे अपना प्राणत्याग कर देंगी। अतः तुम शीघ्र लंकापुरी में प्रवेश करके उन्हें उत्तम हविष्य प्रदान करो।"

ब्रह्मा जी के आज्ञानुसार इन्द्र तत्काल लंकापुरी पहुँचे। उन्होंने निद्रादेवी की सहायता से समस्त राक्षसों को मोहित कर दिया। फिर वे सीता के पास जाकर बोले, "हे देवि! आप शोक न करें। मैं, शचीपति इन्द्र, राम की सहायता करूँगा। मेरे प्रसाद से वे विशाल सेना लेकर समुद्र पार करके यहाँ आयेंगे। अतः तुम इस हविष्य को स्वीकार करो। इसे खा लेने पर तुम्हें हजारों वर्षों तक भूख और प्यास सन्तप्त नहीं कर पायेंगे।"

शंकित सीता ने उनसे कहा, "मुझे कैसे विश्वास हो कि आप देवराज इन्द्र ही हैं?"

इस पर देवराज इन्द्र ने समस्त देवोचित लक्षणों का प्रदर्शन करके सीता की शंका का निवारण कर दिया।

विश्वास हो जाने पर सीता बोलीं, "यह मेरा सौभाग्य है कि आज आपके मुख से मुझे अपने पति का नाम सुनने को मिला। आप मेरे लिये मेरे श्वसुर दशरथ और पिता जनक के तुल्य हैं। मैं आपके हाथों से इस पायसरूप हविष्य (दूध से बनी हुई खीर) को स्वीकार करती हूँ। यह रघुकुल की वृद्धि करने वाला हो।"

इस प्रकार से इन्द्र द्वारा प्रदत्त हविष्य को खाकर जानकी भूख-प्यास के कष्ट से मुक्त हो गईं और देवराज इन्द्र, राक्षसों को मोहित करने वाली निद्रा के साथ, देवलोक को चले गये।

14

जटायु की मृत्यु

राम को इस प्रकार दुःख से कातर और शोक सन्तप्त देख लक्ष्मण ने उन्हें धैर्य बँधाते हुये कहा, "भैया! आप तो सदैव मृदु स्वभाव वाले और जितेन्द्रिय रहे हैं। शोक के वशीभूत होकरआप अपने स्वभाव का परित्याग मत कीजिये। हे रघुकुलभूषण! कितने ही महान कर्म, अनुष्ठान और तपस्या करके हमारे पिता महाराज दशरथ ने आपको प्राप्त किया है। आपसे वियोग हो जाने के कारण ही उन्होंने अपने प्राण त्याग दिये। आप धैर्य धारण करें। संसार में प्रत्येक प्राणी पर विपत्तियाँ आतीं हैं किन्तु विपत्तियाँ हमेशा नहीं रहतीं, कुछ काल पश्चात् उनका अन्त हो जाता है। हमारे गुरु वसिष्ठ जी के सौ पुत्रों का एक ही दिन में गुरु विश्वामित्र ने वध कर दिया था। देवता तक भी प्रारब्ध की मार से नहीं बच पाते फिर देहधारी प्राणी कैसे बच सकते हैं? आप तो स्वयं महान विद्वान हैं मै भला आपको क्या शिक्षा दे सकता हूँ। आप परिस्थितियों पर विचार कर के धैर्य धारण करें। इस जनस्थान में खोजने से कहीं न कहीं हमें जानकी जी अवश्य मिल जायेंगी।"

लक्ष्मण के सारगर्भित उत्तम वचनों को सुन कर राम ने प्रयासपूर्वक धैर्य धारण किया और लक्ष्मण के साथ सीता की खोज करने के लिये खर-दूषण के जनस्थान की ओर चले। मार्ग में उन्होंने विशाल पर्वताकार शरीर वाले जटायु को देखा। उसे देख कर उन्होंने लक्ष्मण से कहा, "भैया! मुझे ऐसा प्रतीत होता है कि इसी जटायु ने सीता को खा डाला है। मैं अभी इसे यमलोक भेजता हूँ।"

ऐसा कह कर अत्यन्त क्रोधित राम ने अपने धनुष पर प्रत्यंचा चढ़ाई और जटायु को मारने के लिये आगे बढ़े। राम को अपनी ओर आते देख जटायु बोला, "आयुष्मान्! अच्छा हुआ कि तुम आ गये। सीता को लंका का राजा हर कर दक्षिण दिशा की ओर ले गया है और उसी ने मेरे पंखों को काट कर मुझे बुरी तरह से घायल कर दिया है। सीता की पुकार सुन कर मैंनें उसकी सहायता के लिये रावण से युद्ध भी किया। ये मेरे द्वारा तोड़े हुए रावण के धनुष

उसके बाण हैं। इधर उसके विमान का टूटा हुआ भाग भी पड़ा है। यह रावण का सारथि भी मरा हुआ पड़ा है। परन्तु उस महाबली राक्षस ने मुझे मार-मार कर मेरी यह दशा कर दी। वह रावण विश्रवा का पुत्र और कुबेर का भाई है।"

इतना कह कर जटायु का गला रुँध गया, आँखें पथरा गईं और उसके प्राण पखेरू उड़ गये।

जटायु के प्राणहीन रक्तरंजित शरीर को देख कर राम अत्यन्त दुःखी हुए और लक्ष्मण से बोले, "भैया! मैं कितना अभागा हूँ। राज्य छिन गया, घर से निर्वासित हुआ, पिता का स्वर्गवास हो गया, सीता का अपहरण हुआ और आज पिता के मित्र जटायु का भी मेरे कारण निधन हुआ। मेरे ही कारण इन्होंने अपने शरीर की बलि चढ़ा दी। इनकी मृत्यु का मुझे बड़ा दुःख है। तुम जा कर लकड़ियाँ एकत्रित करो। ये मेरे पिता तुल्य थे इसलिये मैं अपने हाथों से इनका दाह-संस्कार करूँगा।"

राम की आज्ञा पाकर लक्ष्मण ने लकड़ियाँ एकत्रित कीं। दोनों ने मिल कर चिता का निर्माण किया। राम ने पत्थरों को रगड़ कर अग्नि निकाली। फिर द्विज जटायु के शरीर को चिता पर रख कर बोले, "हे पूज्य गृद्धराज! जिस लोक में यज्ञ एवं अग्निहोत्र करने वाले, समरांगण में लड़ कर प्राण देने वाले और धर्मात्मा व्यक्ति जाते हैं, उसी लोक को आप प्रस्थान करें। आपकी कीर्ति इस संसार में सदैव बनी रहेगी।"

यह कह कर उन्होंने चिता में अग्नि प्रज्वलित कर दी। थोड़ी ही देर में जटायु का नश्वर शरीर पंचभूतों में मिल गया। इसके पश्चात् दोनों भाइयों ने गोदावरी के तट पर जा कर दिवंगत जटायु को जलांजलि दी।

15

पम्पासर में राम हनुमान भेंट

- **पम्पासर में राम हनुमान भेंट**

कमल, उत्पल तथा मत्स्यों से परिपूर्ण पम्पा सरोवर के पास पहुँचने पर वहाँ के रमणीय दृश्यों को देख कर राम को फिर सीता का स्मरण हो आया और वे पुनः विलाप करने लगे।

उन्होंने लक्ष्मण से कहा, "हे सौमित्र! इस पम्पा सरोवर का जल वैदूर्यमणि के समान स्वच्छ एव श्याम है। इसमें खिले हुये कमल पुष्प और क्रीड़ा करते हुये जल पक्षी कैसे सुशोभित हो रहे हैं! चैत्र माह ने वृक्षों को पल्लवित कर फूलों और फलों से समृद्ध कर दिया है। चारों ओर मनोहर सुगन्ध बिखर रही है। यदि आज सीता भी अपने साथ होती तो इस दृश्य को देख कर उसका हृदय कितना प्रफुल्लित होता। ऐसा प्रतीत होता है कि वसन्तरूपी अग्नि मुझे जलाकर भस्म कर देगी। हा सीते! तुम न जाने किस दशा में रो-रो कर अपना समय बिता रही होगी। मैं कितना अभागा हूँ कि तुम्हें अपने साथ वन में ले आया, परन्तु तुम्हारी रक्षा न कर सका। हा! पर्वत-शिखरों पर नृत्य करते हुये मोरों के साथ कामातुर हुई मोरनियाँ कैसा नृत्य कर रहीं हैं। हे लक्ष्मण! जिस स्थान पर सीता होगी, यदि वहाँ भी इसी प्रकार वसन्त खिला होगा तो वह उसके विरह-विदग्ध हृदय को कितनी पीड़ा पहुँचा रहा होगा। वह अवश्य ही मेरे वियोग में रो-रो कर अपने प्राण दे रही होगी। मैं जानता हूँ, वह मेरे बिना पानी से बाहर निकली हुई मछली की भाँति तड़प रही होगी। उसकी वही दशा हो रही होगी जो आज मेरी हो रही है, अपितु मुझसे अधिक ही होगी क्योंकि स्त्रियाँ पुरुषों से अधिक भावुक और कोमल होती हैं। यह सम्पूर्ण दृश्य इतना मनोरम है कि यदि सीता मेरे साथ होती तो इस स्थान को छोड़ कर मैं कभी अयोध्या न जाता। सदैव उसके साथ यहीं रमण करता। किन्तु यह तो मेरा स्वप्नमात्र है। आज तो यह अभागा प्यारी सीता के वियोग में वनों में मारा-

मारा फिर रहा है। जिस सीता ने मेरे लिये महलों के सुखों का परित्याग किया, मैं उसीकी वन में रक्षा नहीं कर सका। मैं कैसे यह जीवन धारण करूँ? मैं अयोध्या जा कर किसी को क्या बताऊँगा? माता कौसल्या को क्या उत्तर दूँगा? मुझे कुछ सुझाई नहीं देता। मैं इस विपत्ति के पहाड़ के नीचे दबा जा रहा हूँ। मुझे इस विपत्ति से छुटकारे का कोई उपाय नहीं सूझ रहा है। मैं यहीं पम्पासर में डूब कर अपने प्राण दे दूँगा। भाई लक्ष्मण! तुम अभी अयोध्या लौट जाओ। मैं अब जनकनन्दिनी सीता के बिना जीवित नहीं रह सकता।"

बड़े भाई की यह दशा देख कर लक्ष्मण बोले, "हे पुरुषोत्तम राम! आप शोक न करें। हे तात रघुनन्दन! आप यदि रावण पाताल में या उससे भी अधिक दूर चला जाये तो भी वह अब किसी भी तरह से जीवित नहीं रह सकता। आप पहले उस पापी राक्षस का पता लगाइये। फिर वह सीता को वापस करेगा या अपने प्राणों से हाथ धो बैठेगा। आप तो अत्यन्त धैर्यवान पुरुष हैं। आपको ऐसी विपत्ति में सदैव धैर्य रखना चाहिये। हम लोग अपने धैर्य, उत्साह और पुरुषार्थ के बल पर ही रावण को परास्त कर के सीता को मुक्त करा सकेंगे। आप धैर्य धारण करें।"

लक्ष्मण के इस प्रकार से समझाने पर अत्यन्त सन्तप्त राम ने शोक और मोह का परित्याग कर के धैर्य धारण किया। वे पम्पा सरोवर को लाँघ कर आगे बढ़े।

चलते-चलते जब वे ऋष्यमूक पर्वत के निकट पहुँचे तो अपने साथियों के साथ उस पर्वत पर विचरण करने वाले बलवान वानरराज सुग्रीव ने इन दोनों तेजस्वी युवकों को देखा।

इन्हें देख कर सुग्रीव के मन में शंका हुई और उन्होंने अपने मन्त्रियों से कहा, "निश्चय ही वालि ने इन दोनों धनुर्धारी वीरों को छद्मवेश में भेजा है।"

भयभीत होकर सुग्रीव अपने मन्त्रियों के साथ ऋष्यमूक पर्वत के शिखर चले गये।

सुग्रीव को इस प्रकार चिन्तित देख कर वाक्पटु हनुमान बोले, "हे वानराधिपते! वालि तो शापवश यहाँ आ ही नहीं सकता, आप सहसा ऐसे चिन्तित क्यों हो रहे हैं?"

हनुमान के प्रश्न को सुन कर सुग्रीव बोले, "मुझे ऐसा प्रतीत होता है कि ये दोनों पुरुष वालि के भेजे हुये गुप्तचर हैं और तपस्वियों का भेष धारण कर के हमारी खोज में आये हैं। हमें इनकी ओर से निश्चिन्त नहीं होना चाहिये। हनुमान! तुम वेष बदल कर इनके पास जाओ और इनका सम्पूर्ण भेद ज्ञात करो। यदि मेरा सन्देह ठीक हो तो शीघ्र इस विषय में कुछ करना।"

सुग्रीव का निर्देश पा कर हनुमान भिक्षु का भेष धारण कर राम-लक्ष्मण के पास पहुँचे। उन दोनों को प्रणाम करके वे अत्यन्त विनीत एवं मृदु वाणी में बोले, "हे वीरों! आप दोनों सत्यपराक्रमी एवं देवताओं के समान प्रभावशाली जान पड़ते हैं। आप लोग इस वन्य प्रदेश में किसलिये आये हैं? आपके अंगों की कान्ति सुवर्ण के समान प्रकाशित हो रही है। आपकी विशाल भुजाओं और वीर वेश को देख कर ऐसा प्रतीत होता है कि आप इन्द्र को भी परास्त करने की क्षमता रखते हैं, परन्तु फिर भी आपका मुखमण्डल कुम्हलाया हुआ है और आप ठण्डी साँसे भर रहे हैं। इसका क्या कारण है? कृपया आप अपना परिचय दीजिये। आप इस

प्रकार मौन क्यों हैं? यहाँ पर्वत पर वानरश्रेष्ठ सुग्रीव रहते हैं। उनके भाई वालि ने उन्हें घर से निकाल दिया है। वानरशिरोमणि सुग्रीव आप दोनों से मित्रता करना चाहते हैं। उन्हीं की आज्ञा से मैं आपका परिचय प्राप्त करने के लिये यहाँ आया हूँ। मैं वायुदेवता का पुत्र हूँ और मेरा नाम हनुमान है। मैं भी वानर जाति का हूँ। अब आप कृपया अपना परिचय दीजिये। मैं सुग्रीव का मन्त्री हूँ और इच्छानुकूल वेष बदलने की क्षमता रखता हूँ। मैंने आपको सब कुछ बता दिया है। आशा है आप भी अपना परिचय दे कर मुझे कृतार्थ करेंगे और वन में पधारने का कारण बतायेंगे।"

हनुमान की चतुराई भरी स्पष्ट बातों को सुन कर राम ने लक्ष्मण से कहा, "हे सौमित्र! इनकी बातों से मुझे पूर्ण विश्वास हो गया है कि ये महामनस्वी वानरराज सुग्रीव के सचिव हैं और उन्हीं के हित के लिये यहाँ आये हैं। इसलिये तुम निर्भय हो कर इन्हें सब कुछ बता दो।"

राम की आज्ञा पा कर लक्ष्मण हनुमान से बोले, "हे वानरश्रेष्ठ! सुग्रीव के गुणों से हम परिचित हो चुके हैं। हम उन्हें ही खोजते हुये यहाँ तक आये हैं। आप सुग्रीव के कथनानुसार जब मैत्री की बात चला रहे हैं वह हमें स्वीकार है। हम अयोध्यापति महाराज दशरथ के पुत्र हैं। ये श्री रामचन्द्र जी उनके ज्येष्ठ पुत्र और मैं इनका छोटा भाई लक्ष्मण हूँ। चौदह वर्ष का वनवास पाकर ये वन में रहने के लिये अपनी धर्मपत्नी सीता और मेरे साथ आये थे। रावण ने सीता जी का हरण कर लिया है। इसी विचार से कि सम्भवतः वे हमारी सहायता कर सकें, हम लोग महाराज सुग्रीव के पास आये हैं। हे वानरराज! जिस चक्रवर्ती सम्राट दशरथ के चरणों में सम्पूर्ण भूमण्डल के राजा-महाराजा सिर झुकाते थे और उनके शरणागत होते थे, उन्हीं महाराज के ज्येष्ठ पुत्र आज समय के फेर से सुग्रीव की शरण में आये हैं। ताकि महाराज सुग्रीव अपने दलबल सहित इनकी सहायता करें।"

इतना कहते हुये लक्ष्मण का कण्ठ अवरुद्ध हो गया।

लक्ष्मण के वचन सुन कर हनुमान बोले, "हे लक्ष्मण! आप लोगो के आगमन से आज हमारा देश पवित्र हुआ। हम लोग आपके दर्शनों से कृतार्थ हुये। जिस प्रकार आप लोग विपत्ति में हैं, उसी प्रकार सुग्रीव पर भी विपत्ति की घटाएँ छाई हुई हैं। वालि ने उनकी पत्नी का हरण कर लिया है तथा उन्हें राज्य से निकाल दिया है। इसीलिये वे इस पर्वत पर निर्जन स्थान में निवास करते हैं। फिर भी मैं आपको विश्वास दिलाता हूँ कि वे सब प्रकार से आपकी सहायता करेंगे।" इतना कह कर हनुमान बड़े आदर से रामचन्द्र और लक्ष्मण को सुग्रीव के पास ले गये।

16

वानरों को सीता की खोज का आदेश

• **वानरों को सीता की खोज का आदेश**

लक्ष्मण से प्रेरणा पाकर सुग्रीव ने अपने यूथपतियों के साथ रामचन्द्र जी से मिलने के लिये प्रस्थान किया। एक पालकी मँगा कर उसमें पहले लक्ष्मण को आरूढ़ किया और फिर स्वयं भी उसमें जा बैठा। शंखों और भेरियों की ध्वनि करते हुए सहस्त्रों वीरों के साथ सुग्रीव वहाँ पहुँचा जहाँ श्री राम निवास कर रहे थे। लक्ष्मण को आगे कर और हाथ जोड़ कर विनीत भाव से सुग्रीव श्री राम के सम्मुख खड़ा हो गया। रामचन्द्र जी ने प्रसन्न हो कर सुग्रीव को गले लगाया और फिर उसकी प्रशंसा करते हुये कहा, "हे वानरेश! समय पर अपने सम्पूर्ण शुभ कार्यों को करने वाला राजा ही वास्तव में शासन करने के योग्य होता है और जो भोग विलास में लिप्त हो कर इन्द्रयों के वशीभूत हो जाता है, वह अन्त में विनाश को प्राप्त होता है। अब तुम्हारे उद्योग करने का समय आ गया है। अतएव तुम अपने मति अनुसार जैसा उचित समझो, वैसा करो ताकि सीता का पता मुझे शीघ्र प्राप्त हो सके।"

श्री राम के नीतियुक्त वचन सुन कर सुग्रीव ने कहा, "हे प्रभो! मैं तो आपका अकिंचन दास हूँ। मैं आपके उपकार को कभी नहीं भूल सकता। जनकनन्दिनी की शीघ्र खोज करवाने के उद्देश्य से मैं इन सहस्त्र वानर यूथपतियों को ले कर यहाँ उपस्थित हुआ हूँ। इन सबके पास अपनी-अपनी सेनाएँ हैं और ये स्वयं भी इन्द्र के समान पराक्रमी हैं। आपकी आज्ञा पाते ही ये लंकापति रावण को मार कर सीता को ले आयेंगे। इन्हें आप इस कार्य के लिये आज्ञा प्रदान करें।"

सुग्रीव की उत्साहवर्द्धक बात सुन कर राम बोले, "राजन्! सबसे पहले तो इस बात का पता लगाना चाहिये कि सीता जीवित भी है या नहीं। यदि जीवित है, तो उसे कहाँ रखा गया है? रावण का निवास स्थान कहाँ है? उसके पास कितनी और कैसी सेना है? वह स्वयं कितना

पराक्रमी है? इन समस्त बातों के ज्ञात हो जाने पर ही आगे की योजना पर विचार किया जायेगा। यह कार्य ऐसा है जिसे न मैं कर सकता हूँ और न ही लक्ष्मण। केवल तुम ही अपनी सेना के द्वारा करवा सकते हो।"

राम के वचन सुनकर सुग्रीव ने अपने यूथपतियों को बुला कर आज्ञा दी, "हे वीर महारथियों! अब मेरी लाज और श्री रामचन्द्र जी का जीवन तुम लोगों के हाथ में है। तुम दसों दिशाओं में जा कर जानकी जी की खोज करो। उन सभी पर्वतों की दुर्गम कन्दराओं, वनों, नदी तटों, समुद्री द्वीपों, उपत्यकाओं और उन गुप्त स्थानों को छान मारो जहाँ उनके होने की तनिक भी सम्भावना हो। आकाश, पाताल, भूमण्डल का कोई भी स्थान छिपा नहीं रहना चाहिये। एक मास के अन्दर जानकी जी का पता मिल जाना चाहिये। यदि इस अवधि में उनका पता न लगा सके तो तुम स्वयं का वध हुआ समझो।"

17

हनुमान को मुद्रिका देना

वानर यूथपतियों को इस प्रकार की कठोर आज्ञा दे कर सुग्रीव हनुमान से बोला, "हे कपिश्रेष्ठ! पृथ्वी, अन्तरिक्ष, आकाश, पाताल, देवलोक, वन, पर्वत, सागर कोई ऐसा स्थान नहीं है जहाँ तुम्हारी गति न हो। असुर, गन्धर्व, नाग, मनुष्य, देवता, समुद्र तथा पर्वतों सहित सम्पूर्ण लोकों को तुम जानते हो और तुम अतुल, अद्वितीय, पराक्रमी तथा साहसी हो। तुम्हारी सूझबूझ और कार्यकुशलता भी अपूर्व है। यद्यपि मैंने सीता जी की खोज के लिये सब वानरों को आदेश दिया है परन्तु मुझे सच्चा भरोसा तुम्हारे ऊपर ही है और तुम्हें ही उनका पता लगा कर लाना है।"

सुग्रीव का हनुमान पर इतना भरोसा देख कर राम बोले, "हे हनुमान! सुग्रीव की भाँति मुझे भी तुम पर विश्वास है कि तुम सीता का पता अवश्य लगा लोगे। इसलिये मैं तुम्हें अपने नाम से सुशोभित अपनी यह मुद्रिका देता हूँ। जब कभी जानकी मिले, उसे तुम यह मुद्रिका दे देना। इसे पा कर वह तुम्हारे ऊपर सन्देह नहीं करेगी। तुम्हें मेरा दूत समझ कर सारी बातें बता देगी।"

राम की मुद्रिका ले कर हनुमान ने उसे अपने मस्तक से लगाया और सुग्रीव तथा श्री राम के चरणों को स्पर्श कर के वानरों की सेना के साथ सीता को खोजने के लिये निकल पड़े। शेष वानर भी सुग्रीव के निर्देशानुसार भिन्न-भिन्न दिशाओं के लिये चल पड़े। उन्होंने वनों, पर्वतों, गिरिकन्दराओं, घाटियों, ऋषि-मुनियों के आश्रमों, विभिन्न राजाओं की राजधानियों, शैल-शिखरों, सागर द्वीपों, राक्षसों, यक्षों, किन्नरों के आवासों आदि को छान मारा परन्तु कहीं भी उन्हें जनकनन्दिनी सीता का पता नहीं मिला। अन्त में भूख-प्यास से व्यथित हो थक कर उत्साहहीन हो निराशा के साथ एक स्थान पर बैठ कर अपने कार्यक्रम के विषय में विचार विमर्श करने लगे। एक यूथपति ने उन्हें सम्बोधित करते हुये कहा, "हमने उत्तर पूर्व और पश्चिम दिशा का कोई स्थान नहीं छोड़ा। अत्यन्त अगम्य प्रतीत होने वाले स्थानों को

भी हमने छान मारा किन्तु कहीं भी महारानी सीता का पता नहीं चला। मेरे विचार से अब हमें दक्षिण दिशा की ओर प्रस्थान करना चाहिये। इसलिये अब अधिक समय नष्ट न कर के हमें तत्काल चल देना चाहिये।"

यूथपति का प्रस्ताव स्वीकार कर सबसे पहले यह दल विन्ध्याचल पर पहुँचा। वहाँ की गुफाओं, जंगलों, पर्वत-शिखरों आदि सभी स्थानों को उन्होंने छान मारा किन्तु जनकनन्दिनी सीता के उन्हें दर्शन नहीं मिले। विन्ध्यपर्वत के आसपास का महान देश अनेक गुफाओं तथा घने जंगलों से भरा था इसलिये वहाँ जानकी जी को ढूँढने में उन्हें अत्यन्त कठिनाई का सामन करना पड़ा।

इस प्रकार से जानकी जी की खोज के लिये सुग्रीव के द्वारा दिया गया समय व्यतीत हो गया। समस्त वानर पूर्णतः निराश हो गये और सुग्रीव के द्वारा दिये जाने वाले दण्ड के विषय में सोचकर अत्यन्त भयभीत भी हो गये। उनकी निराशा और भय को देख कर महाबुद्धिमान अंगद ने कहा, "निराश और भयभीत होने की आवश्यकता नहीं है। यदि हम सभी वानर अभी भी प्रयत्न करके जानकी जी को खोज लेंगे तो महाराज सुग्रीव प्रसन्न ही होंगे। कर्म का फल अवश्य ही मिलता है अतः खिन्न होकर उद्योग को छोड़ देना कदापि उचित नहीं है।

राजकुमार अंगद की बातों से उत्साहित होकर वानरों ने जानकी जी की खोज के लिये पुनः उद्योग करना आरम्भ कर दिया। वहाँ के अत्यन्त भयंकर तथा सुनसान जंगलों में न तो पानी मिलता था और न ही किसी प्रकार के कंद-मूल-फल ही मिलते थे। मनुष्य का तो नामोनिशान तक दिखाई नहीं देता था। वहाँ अन्वेषण कार्य बहुत ही कठिन था और वानरों को वहाँ अत्यन्त कष्ट सहन करना पड़ा।

समस्त वानर भूख प्यास से व्याकुल होकर वहाँ घूम रहे थे तो उन्हें एक गुफा दिखाई पड़ी। वह गुफा यद्यपि अन्धकारमय थी किन्तु उसमें से हंस, क्रौंच, सारस और जल से भीगे हुए चकवे निकलते हुए दृष्टिगत हुए। उन जल से भीगे हुए पक्षियों को देख कर हनुमान जी ने अनुमान लगाया कि अवश्य ही उस गुफा के भीतर जल का स्रोत है। हनुमान जी की सलाह के अनुसार समस्त वानर उस गुफा में प्रवेश कर गये।

18

हनुमान जी का लंका में प्रवेश

• **हनुमान जी का लंका में प्रवेश**

चार सौ योजन अलंघनीय समुद्र को लाँघ कर महाबली हनुमान जी त्रिकूट नामक पर्वत के शिखर पर स्वस्थ भाव से खड़े हो गये। कपिश्रेष्ठ ने वहाँ सरल (चीड़), कनेर, खिले हुए खजूर, प्रियाल (चिरौंजी), मुचुलिन्द (जम्बीरी नीबू), कुटज, केतक (केवड़े), सुगन्धपूर्ण प्रियंगु (पिप्पली), नीप (कदम्ब या अशोक), छितवन, असन, कोविदार तथा खिले हुए करवीर भी देखे। फूलों के भार से लदे हुए तथा मुकुलित (अधखिले), बहुत से वृक्ष भी उन्हें दृष्टिगोचर हुए जिनकी डालियाँ झूम रही थीं और जिन पर नाना प्रकार के पक्षी कलरव कर रहे थे।

हनुमान जी धीरे धीरे अद्भुत शोभा से सम्पन्न रावणपालित लंकापुरी के पास पहुँचे। उन्होंने देखा, लंका के चारों ओर कमलों से सुशोभित जलपूरित खाई खुदी हुई है। वह महापुरी सोने की चहारदीवारी से घिरी हुई हैं। श्वेत रंग की ऊँची ऊँची सड़कें उस पुरी को सब ओर से घेरे हुए थीं। सैकड़ों गगनचुम्बी अट्टालिकाएँ ध्वजा-पताका फहराती हुई उस नगरी की शोभा बढ़ा रही हैं।

उस पुरी के उत्तर द्वार पर पहुँच कर वानरवीर हनुमान जी चिन्ता में पड़ गये। लंकापुरी भयानक राक्षसों से उसी प्रकार भरी हुई थी जैसे कि पाताल की भोगवतीपुरी नागों से भरी रहती है। हाथों में शूल और पट्टिश लिये बड़ी बड़ी दाढ़ों वाले बहुत से शूरवीर घोर राक्षस लंकापुरी की रक्षा कर रहे थे। नगर की इस भारी सुरक्षा, उसके चारों ओर समुद्र की खाई और रावण जैसे भयंकर शत्रु को देखकर हनुमान जी विचार करने लगे कि यदि वानर वहाँ तक आ जायें तो भी वे व्यर्थ ही सिद्ध होंगे क्योंकि युद्ध द्वारा देवता भी लंका पर विजय नहीं पा सकते। रावणपालित इस दुर्गम और विषम (संकटपूर्ण) लंका में महाबाहु रामचन्द्र आ

भी जायें तो क्या कर पायेंगे? राक्षसों पर साम, दान और भेद की नीति का प्रयोग असम्भव दृष्टिगत हो रहा है। यहाँ तो केवल चार वेगशाली वानरों अर्थात् बालिपुत्र अंगद, नील, मेरी और बुद्धिमान राजा सुग्रीव की ही पहुँच हो सकती है। अच्छा पहले यह तो पता लगाऊँ कि विदेहकुमारी सीता जीवित भी है या नहीं? जनककिशोरी का दर्शन करने के पश्चात् ही मैं इस विषय में कोई विचार करूँगा।

उन्होंने सोचा कि मैं इस रूप से राक्षसों की इस नगरी में प्रवेश नहीं कर सकता क्योंकि बहुत से क्रूर और बलवान राक्षस इसकी रक्षा कर रहे हैं। जानकी की खोज करते समय मुझे स्वयं को इन महातेजस्वी, महापराक्रमी और बलवान राक्षसों से गुप्त रखना होगा। अतः मुझे रात्रि के समय ही नगर में प्रवेश करना चाहिये और सीता का अन्वेषण का यह समयोचित कार्य करने के लिये ऐसे रूप का आश्रय लेना चाहिये जो आँख से देखा न जा सके, मात्र कार्य से ही यह अनुमान हो कि कोई आया था।

देवताओं और असुरों के लिये भी दुर्जय लंकापुरी को देखकर हनुमान जी बारम्बार लम्बी साँस खींचते हुये विचार करने लगे कि किस उपाय से काम लूँ जिसमें दुरात्मा राक्षसराज रावण की दृष्टि से ओझल रहकर मैं मिथिलेशनन्दिनी जनककिशोरी सीता का दर्शन प्राप्त कर सकूँ। अविवेकपूर्ण कार्य करनेवाले दूत के कारण बने बनाये काम भी बिगड़ जाते हैं। यदि राक्षसों ने मुझे देख लिया तो रावण का अनर्थ चाहने वाले श्री राम का यह कार्य सफल न हो सकेगा। अतः अपने कार्य की सिद्धि के लिये रात में अपने इसी रूप में छोटा सा शरीर धारण करके लंका में प्रवेश करूँगा और घरों में घुसकर जानकी जी की खोज करूँगा।

ऐसा निश्चय करके वीर वानर हनुमान सूर्यास्त की प्रतीक्षा करने लगे। सूर्यास्त हो जाने पर रात के समय उन्होंने अपने शरीर को छोटा बना लिया और उछलकर उस रमणीय लंकापुरी में प्रवेश कर गये।

19

लंका में सीता की खोज

- **लंका में सीता की खोज**

इस प्रकार से सुग्रीव का हित करने वाले कपिराज हनुमान जी ने लंकापुरी में प्रवेश कर मानो शत्रुओं के सिर पर अपना बायाँ पैर रख दिया। वे राजमार्ग का आश्रय ले उस रमणीय लंकापुरी की और चले। वहाँ पर स्वर्ण निर्मित विशाल भवनों में दीपक जगमगा रहे थे। कहीं नृत्य हो रहा था और कहीं सुरा पी कर मस्त हुये राक्षस अनर्गल प्रलाप कर रहे थे। हनुमान जी ने देखा कि बहुत से राक्षस मन्त्रों का जाप करते हुए स्वाध्याय में तत्पर थे। कोई जटा बढ़ाये तो कोई मूड़ मुड़ाये रावण के अनेक गुप्तचर भी उन्हें दृष्टिगत हुए।

हनुमान जी ने नगर के सब भवनों तथा एकान्त स्थानों को छान डाला, परन्तु कहीं सीता दिखाई नहीं दीं। अन्त में उन्होंने सब ओर से निराश हो कर रावण के उस राजप्रासाद में प्रवेश किया जिसमें लंका के मन्त्री, सचिव एवं प्रमुख सभासद निवास करते थे। उन सब का भली-भाँति निरीक्षण करने के पश्चात् वे रावण के अत्यन्त प्रिय बृहत्शाला की ओर चले। वहाँ की सीढ़ियाँ रत्नजटित थीं। स्वर्ण निर्मित वातायन दीपों के प्रकाश से जगमगा रही थीं। स्थान-स्थान पर हाथी दाँत का काम किया हुआ था। छतें और स्तम्भ मणियों तथा रत्नों से जड़े हुये थे। इन्द्र के भवन से भी अधिक सुसज्जित इस भव्य शाला को देख कर हनुमान चकित रह गये। उन्होंने एक ओर स्फटिक के सुन्दर पलंग पर रावण को हुए मदिरा के मद में पड़े देखा जो कि अनिंद्य सुन्दरियों से घिरे हए था। उसके नेत्र अद्र्धनिमीलित हो रहे थे। अनेक रमणियों के वस्त्राभूषण अस्त-व्यस्त हो रहे थे और वे सुरा के प्रभाव से अछूती भी नहीं थीं। वहाँ भी सीता को न पा कर पवनसुत बाहर निकल आये।

फिर हनुमान जी ने रावण के अन्य निकट सम्बंधियों के निवास स्थानों में सीता की खोज की किन्तु वहाँ भी उन्हें असफलता ही मिली। तत्पश्चात् हनुमान ने रावण की पटरानी मन्दोदरी के भवन में प्रवेश किया। अपने शयनागार में मन्दोदरी एक स्फटिक से श्वेत पलंग पर सो रही थी। उसके शय्या के चारों ओर रंग-बिरंगी सुवासित पुष्पमालायें झूल रही थीं।

उसके अद्भुत रूप, लावण्य, सौन्दर्य एवं यौवन को देख कर हनुमान के मन में विचार आया, सम्भवतः यही जनकनन्दिनी सीता हैं, परन्तु उसी क्षण उनके मन में एक और विचार उठा कि ये सीता नहीं हो सकतीं क्योंकि रामचन्द्र जी के वियोग में पतिव्रता सीता न तो सो सकती हैं और न इस प्रकार आभूषण आदि पहन कर श्रृंगार ही कर सकती हैं। अतएव यह स्त्री अनुपम लावण्यमयी होते हुये भी सीता कदापि नहीं है। यह सोच कर वे उदास हो गये और मन्दोदरी के कक्ष से बाहर निक आये।

अकस्मात् वे सोचने लगे कि आज मैंने पराई स्त्रियों को अस्त-व्यस्त वेष में सोते हुये देख कर भारी पाप किया है। वे इस पर पश्चाताप करने लगे। फिर यह विचार कर उन्होंने अपने मन को शान्ति दी कि उन्हें देख कर मेरे मन में कोई विकार उत्पन्न नहीं हुआ इसलिये यह पाप नहीं है। फिर जिस उद्देश्य के लिये मुझे भेजा गया है, उसकी पूर्ति के लिये मुझे अनिवार्य रूप से स्त्रियों का अवलोकन करना पड़ेगा। इसके बिना मैं अपना कार्य कैसे पूरा कर सकूँगा। फिर वे सोचने लगे मुझे सीता जी कहीं नहीं मिलीं। रावण ने उन्हें मार तो नहीं डाला? यदि ऐसा है तो मेरा सारा परिश्रम व्यर्थ गया। नहीं, मुझे यह नहीं सोचना चाहिये। जब तक मैं लंका का कोना-कोना न छान मारूँ, तब तक मुझे निराश नहीं होना चाहिये। यह सोच कर अब उन्होंने ऐसे-ऐसे स्थानों की खोज आरम्भ की, जहाँ तनिक भी असावधानी उन्हें यमलोक तक पहुँचा सकती थी। उन स्थानों में उन्होंने रावण द्वारा हरी गई अनुपम सुन्दर नागकन्याओं एवं किन्नरियों को भी देखा, परन्तु सीता कहीं नहीं मिलीं। सब ओर से निराश हो कर उन्होंने सोचा, मैं बिना सीता जी का समाचार लिये लौट कर किसी को मुख नहीं दिखा सकता। इसलिये यहीं रह कर उनकी खोज करता रहूँगा, अथवा अपने प्राण दे दूँगा। यह सोच कर भी उन्होंने सीता को खोजने का कार्य बन्द नहीं किया।

20

रावण-सीता संवाद

- रावण-सीता संवाद

इस प्रकार फूले हुए वृक्षों से सुशोभित उस वन की शोभा देखते और विदेहनन्दिनी का अनुसंधान करते हुए हनुमान जी की वह सारी रात प्रायः व्यतीत हो चली। रात्रि जब मात्र एक प्रहर बाकी रही तो रात के उस पिछले प्रहर में छहों अंगोंसहित सम्पूर्ण वेदों के विद्वान तथा श्रेष्ठ यज्ञों द्वारा यजन करने वाले ब्रह्म-राक्षसों के घर में वेदपाठ की ध्वनि होने लगी जिसे हनुमान जी ने सुना।

तदन्तर मंगल वाद्यों तथा श्रवण-सुखद शब्दों द्वारा महाबाहु दशमुख रावण को जगाया गया। जागने पर महाभागी एवं प्रतापी राक्षसराज रावण ने सबसे पहले विदेहनन्दिनी सीता का चिन्तन किया। सीता के प्रति आसक्त एवं काम से प्रेरित रावण ने सब प्रकार के आभूषण धारण कर तथा परम उत्तम शोभा से सम्पन्न हो अशोकवाटिका में प्रवेश किया। पुलस्त्यनन्दन रावण के पीछे-पीछे लगभग एक सौ सुन्दरियाँ भी थीं। काम के आधीन एवं मन में सीता की आस लगाये मन्दगति से आगे बढ़ता रावण अद्भुत शोभा पा रहा था। काम, दर्प और मद से युक्त अचिन्त्य बल-पौरुष से सम्पन्न रावण के अशोकवाटिका के द्वार तक पहुँचने पर कपिवर हनुमान जी ने उसे देखा। यद्यपि मतिमान् हनुमान जी अत्यन्त उग्रतेजस्वी थे, तथापि रावण के तेज से तिरस्कृत-से होकर सघन पत्तों में घुसकर छिप गये।

अनिंद्य सुन्दरी राजकुमारी सीता ने जब उत्तमोत्तम आभूषणों से विभूषित तथा रूप-यौवन से सम्पन्न राक्षसराज रावण को आते देखा तो वे प्रचण्ड हवा में हिलने वाली कदली के समान भय के मारे थर-थर काँपने लगीं। सुन्दर कान्ति वाली विशाललोचना जानकी ने अपने जंघाओं से पेट और दोनों भुजाओं से स्तन छिपा लिये और रुदन करने लगीं। निशाचरियों से घिरी आसन रहित भूमि पर शोक-विह्वल दीन सीता को रावण ने ध्यानपूर्वक देखा जो दृष्टि नीची किये एकटक पृथ्वी की ओर देख रही थी।

ऐसी दुःखी जानकी के पास आकर लंकापति रावण हँसता हुआ बोले, "हे मृगनयनी! मुझे देख कर तू अपने शरीर को छिपाने का प्रयत्न क्यों कर रही है। स्मरण रख, तेरी इच्छा के बिना मैं कदापि तेरा स्पर्श नहीं करूँगा। तू मुझ पर और मेरे कथन पर विश्वास रख और इस प्रकार दुःखी हो कर अश्रु मत बहा। तेरी यह मलिन, आभूषणरहित वेश-भूषा देख कर मुझे अत्यधिक पीड़ा होती है। तू संसार की सुन्दरियों में शिरोमणि है। अपने इस सौन्दर्य तथा यौवन को व्यर्थ नष्ट मत होने दे। यदि एक बार यह यौवन नष्ट हो गया तो फिर लौट कर नहीं आयेगा। मैं फिर कहता हूँ, तू विश्व की अनुपम सुन्दरी है विधाता की अद्वितीय सृष्टि है। तेरे निर्माण में ब्रह्मा ने अपना सारा कौशल और चतुराई लगा दी। इसीलिये तेरी रचना में उसने किसी प्रकार की कोई कमी नहीं रखी है। तेरे किस-किस अंग की मैं सराहना करूँ। जिस अंग पर दृष्टि पड़ती है, उसी पर अटक कर रह जाती है। मैं तुझे पूरे हृदय से अपनाना चाहता हूँ। मैं तेरे प्रत्येक अंग का रसास्वादन करना चाहता हूँ। इसी लिये तुझसे कहता हूँ, तू राम का मोह छोड़ दे। मैं तुझे अपनी पटरानी बनाऊँगा। मेरी सब रानियाँ तो तेरी चरणों की दासी बनेंगी ही, मैं भी तेरा दास बन कर रहूँगा। अपने भुजबल से अर्जित सम्पूर्ण सम्पत्ति तेरे चरणों में अर्पित कर दूँगा। जीते हुये समस्त राज्य तेरे पिता जनक को दे दूँगा। तू वास्तव में इतनी सुन्दर है कि तुझे देख कर तो तुझे बनाने वाला स्वयं विधाता कामवश हो जायेगा, मेरी तो बात ही क्या है? इसलिये तू मेरी बात स्वीकार कर ले। राम से भयभीत होने की आवश्यकता कोई नहीं है। संसार में कोई भी मुझसे लोहा नहीं ले सकता। चल, उठ कर खड़ी हो जा और सुन्दर वस्त्राभूषण धारण कर के मेरे साथ रमण कर। हे कल्याणी! चल कर तू मेरे ऐश्वर्य को देख और उस कंगाल वनवासी को भूल जा। तू ही सोच, राम के पास न राज्य है, न धन है, न कोई दास है, न सेना है और न कोई साधन है। फिर यह भी क्या पता है कि वह अभी जीता है या मर गया। यदि जीवित भी हो तो भी न तो तू उसके पास पहुँच सकती है और न वह स्वयं ही यहाँ आ सकता है। अतएव चिन्ता का परित्याग कर के निश्चिन्त हो कर मेरे साथ रमण कर।"

रावण के नीच वचनों को सुन कर मध्य में तृण रख कर जानकी बोलीं, "हे लंकेश! तुम्हारे जैसे विद्वान के लिये यह उचित होगा कि तुम अपनी मर्यादाओं का उल्लंघन न करो और मुझसे अपना मन हटा कर अपनी रानियों से प्रेम करो। स्मरण रखो, पापी और नीच भावना रखने वाले पुरुषों को अपने उद्देश्य में कभी सफलता नहीं मिलती। मैं उत्तम कुल में जन्म लेने वाली पतिपरायणा पत्नी हूँ, तुम मुझे मेरे सतीत्व से कदापि विचलित नहीं कर सकते। अपने प्राण रहते मैं तुम्हारे नीचता से परिपूर्ण प्रस्ताव को किसी भी दशा में स्वीकार नहीं कर सकती। यदि तुममें तनिक भी न्याय-बुद्धि होती तो तुम अन्य स्त्रियों के धर्म की उसी प्रकार रक्षा करते जिस प्रकार अपनी रानियों के सतीत्व की करते हो। क्या इस लंका में ऐसा कोई समझदार व्यक्ति नहीं है जो तुम्हें इस साधारण सी बात का बोध कराये? तुम तो नीतिवान बनते हो, फिर नीति का यह वाक्य कैसे भूल गये कि जिस राजा की इन्द्रियाँ उसके वश में नहीं रहतीं, वह चाहे कितना ही ऐश्वर्यवान हो, अन्त में रसातल को जाता है, उसका सर्वस्व

नष्ट हो जाता है। हे दुर्बुद्धे! तूने अभी तक मुझे पहचाना नहीं है। मैं तेरे ऐश्वर्य, राज्य, धन-सम्पत्ति के लोभ में नहीं फँस सकती। तेरा यह कहना भी एक व्यर्थ का प्रलाप है कि मैं रघुकुलमणि रामचन्द्र जी से नहीं मिल सकती। अरे मूर्ख! वे तो सदैव मेरे हृदय में निवास करते हैं। मुझे कोई उनसे अलग नहीं कर सकता। मेरा उनका ऐसा अटूट सम्बंध है जैसा कि सूर्य का उसकी प्रभा से। इसलिये मैं उनकी हूँ और सदा ही उनकी रहूँगी। यदि तू सोच-समझ कर यह मान ले कि तूने मेरा अपहरण कर के एक भयंकर अपराध किया है और इसलिये मुझे लौटाते हुये तुझे भय लगता है तो मैं तुझे अभयदान देते हुये वचन देती हूँ कि तू मुझे उनके पास पहुँचा दे, मैं तुझे उनसे क्षमा करा दूँगी। यदि तुम अब भी अपनी हठ पर अड़े रहे तो विश्वास करो कि तुम्हारी मृत्यु निश्चित है और तुम्हें उनके बाणों से कोई नहीं बचा सकता। इसलिये मैं फिर कहती हूँ कि सावधान हो जाओ। अपने साथ लंका और लंकावासियों का नाश मत करो। इसी में तुम्हारा और तुम्हारे राक्षसकुल का कल्याण है।"

सीता के ये कठोर वचन सुनकर राक्षसराज रावण ने उन प्रियदर्शना सीता को यह अप्रिय उत्तर दिया, "लोक में पुरुष जैसे-जैसे अनुनय-विनय करता है, वैसे-वैसे ही वह उनका प्रिय होता जाता है किन्तु मैं तुमसे ज्यों-ज्यों मीठे वचन बोलता हूँ त्यों-त्यों तुम मेरा तिरस्कार करती जाती हो। तुम्हारे प्रति जो मेरा प्रेम उत्पन्न हो गया है, वही मेरे क्रोध को रोक रहा है। हे समुखि! यही कारण है कि वध और तिरस्कार के योग्य होने पर भी मैं तुम्हारा वध नहीं कर रहा हूँ। मिथिलेशकुमारी! तुम मुझसे जैसी कठोर बातें कह रही हो, उनके प्रतिकार में तुम्हें कठोर प्राणदण्ड देना ही उचित है। हे सुन्दरि! मैंने तुम्हारे लिये जो अवधि नियुक्त की है उसके अनुसार मुझे दो महीने और प्रतीक्षा करनी है। तत्पश्चात् तुम्हें मेरी शय्या पर आना ही होगा। स्मरण रखो यदि दो महीने बाद तुमने अपना पति स्वीकार नहीं करोगी तो मेरे रसोइये मेरे कलेवे के लिये तुम्हारे टुकड़े-टुकड़े कर डालेंगे।"

राक्षसराज रावण के इन वचनों को सुनकर पातिव्रत्य और पति के शौर्य के अभिमान से परिपूर्ण सीता ने कहा, "निश्चय ही इस नगर में तेरा भला चाहने वाला कोई भी ऐसा पुरुष नहीं है जो तुझे इस निन्दित कर्म से रोके। नीच राक्षस! तूने अमित तेजस्वी श्री राम की भार्या से जो पाप की बात कही है, उसके परिणामस्वरूप दण्ड से तू कहाँ जाकर छुटकारा पायेगा? मैं धर्मात्मा श्री राम की धर्मपत्नी और महाराज दशरथ की पुत्रवधू हूँ। दशमुख रावण! मेरा तेज ही तुझे भस्म कर डालने के लिये पर्याप्त है। केवल श्रीराम की आज्ञा न होने से और अपनी तपस्या को सुरक्षि रखने के विचार से मैं तुझे भस्म नहीं कर रही हूँ। निःसन्देह तेरे वध के लिये ही विधाता ने यह विधा रच दिया है। तू कितना वीर और पराक्रमी है इसका पता तो मुझे उसी दिन चल गया था, जब तेरे पास इतनी विशाल सेना, बल और तेज होते हुये भी तू मुझे चोरों की भाँति मेरे पति की अनुपस्थिति में चुरा लाया था। क्या इससे तेरी कायरता का पता नहीं चलता।"

सीता के मुख से ऐसे अप्रत्याशित एवं अपमानजनक वचन सुनकर रावण का सम्पूर्ण शरीर क्रोध से थर-थर काँपने लगा। उसके नेत्रों से अंगारे बरसाने लगे। वह दहाड़ता हुआ

बोला, "अन्यायी और निर्धन मनुष्य का अनुसरण करने वाली नारी! जैसे सूर्यदेव अपने तेज से प्रातःकालिक संध्या के अन्धकार को नष्ट कर देते हैं उसी प्रकार मैं तेरा तत्काल विनाश किये देता हूँ।"

तत्पश्चात् रावण ने एकाक्षी (एक आँख वाली), एककर्णा (एक कान वाली), अश्वपदी (घोड़े के समान पैर वाली), सिंहमुखी (सिंह के समान मुख वाली) आदि विकराल दिखायी देनेवाली राक्षसियों को सम्बोधित करते हुए कहा, "जिस प्रकार भी हो, सीता को मेरे वश में होने के लिये विवश करो। यदि वह प्रेम से न माने तो इसे मनचाहा दण्ड दो ताकि यह हाथ जोड़ कर गिड़गिड़ाती तुई मुझसे प्रार्थना करे और मुझे अपना पति स्वीकार करे।"

राक्षसियों को इस प्रकार आज्ञा देकर काम और क्रोध से व्याकुल हुआ राक्षसराज रावण सीता की ओर देखकर गर्जना करने लगा। रावण को अत्यन्त क्रोधित देखकर मन्दोदरी और धान्यमालिनी नाम की एक अन्य राक्षस-कन्या शीघ्र रावण के पास आयीं और उसका आलिंगन कर बोलीं, "हे प्राणनाथ! आप इस कुरूप सीता के लिये क्यों इतने व्याकुल होते हैं? भला इसके फीके पतले अधरों, अनाकर्षक कान्ति और छोटे भद्दे आकार में क्या आकर्षण है? आप चल कर मेरे साथ विहार कीजिये। इस अभागी को मरने दीजिये। इसके ऐसे भाग्य कहाँ जो आप जैसे अपूर्व बलिष्ठ, अद्भुत पराक्रमी, तीनों लोकों के विजेता के साथ रमण-सुख प्राप्त कर सके। नाथ! जो स्त्री आपको नहीं चाहती, उसके पीछे उन्मत्त की भाँति दौड़ने से क्या लाभ? इससे तो व्यर्थ ही मन को दुःख होता है।"

जब उन राक्षसियों ने ऐसा कहा और उसे दूसरी ओर हटा ले गयीं तो मेघ के समान काला और बलवान राक्षस रावण जोर-जोर से हँसता हुआ अपने भव्य प्रासाद की ओर चल पड़ा।

21

जानकी राक्षसी घेरे में

- **जानकी राक्षसी घेरे में**

राक्षसराज रावण के चले जाने के बार भयानक रूप वाली राक्षसियों ने सीता को घेर लिया और उन्हें अनेक प्रकार से डराने धमकाने लगीं। वे सीता की भर्त्सना करते हुए कहने लगीं, "हे मूर्ख अभागिन! हे नीच नारी! तीनों लोकों और चौदह भुवनों को अपने पराक्रम से पराजित करने वाले परम तेजस्वी राक्षसराज की शैया प्रत्येक को नहीं मिलती। यह तो तुम्हारा परम सौभाग्य है कि स्वयं लंकापति तुम्हें अपनी अंकशायिनी बनाना चाहते हैं। तनिक विचार कर देखो, कहाँ अगाध ऐश्वर्य, स्वर्णपुरी तथा अतुल सम्पत्ति का एकछत्र स्वामी और कहाँ वह राज्य से निकाला हुआ, कंगालों की भाँति वन-वन में भटकने वाला, हतभाग्य साधारण सा मनुष्य! सोच-समझ कर निर्णय करो और महाप्रतापी लंकाधिपति रावण को पति के रूप में स्वीकार करो। उसकी अद्धार्गिनी बनने में ही तुम्हारा कल्याण है। अन्यथा राम के वियोग में तड़प-तड़प कर मरोगी या राक्षसराज के हाथों मारी जाओगी। तुम्हारा यह कोमल शरीर इस प्रकार नष्ट होने के लिये नहीं है। महाराज रावण के साथ विलास भवन में जा कर रमण करो। महाराज तुम्हें इतना विलासमय सुख देंगे जिसकी तुमने उस कंगाल वनवासी के साथ रहते कल्पना भी नहीं की होगी।"

राक्षसियों की ये बातें सुनकर कमलनयनी सीता ने अश्रुपूर्ण नेत्रों से उनकी ओर देख कर कहा, "तुम सब का यह लोक-विरुद्ध एवं पापपूर्ण प्रस्ताव मेरे हृदय में क्षणमात्र को भी ठहर नहीं पाता। एक मानवकन्या किसी राक्षस की भार्या नहीं हो सकती। तुम सब लोग भले ही मुझे खा जाओ किन्तु मैं तुम्हारी बात नहीं मान सकती। मेरे पति दीन हों अथवा राज्यहीन, वे ही मेरे स्वामी हैं और मैं सदा उन्हीं में अनुरक्त हूँ तथा आगे भी रहूँगी। जैसे सुवर्चला सूर्य में, महाभागा शची इन्द्र में, अरुन्धती महर्षि वसिष्ठ में, रोहिणि चन्द्र में, सुकन्या च्यवन में, सावित्री सत्यवान में, श्रीमती कपिल में, मदयन्ती सौदास में, केशिनी सगर में और दमयन्ती नल में अनुराग रखती हैं वैसे ही मैं भी अपने पति इक्ष्वाकुवंशशिरोमणि श्री राम में अनुरक्त

हूँ।

सीता के वचन सुन कर राक्षसियों के क्रोध की सीमा न रही। वे रावण की आज्ञानुसार कठोर वचनों द्वारा उन्हें धमकाने लगीं। अशोकवृक्ष में चुपचाप छिपे बैठे हुए हनुमान जी सीता को फटकारती हुई राक्षसियों की बातें सुनते रहे। वे सब राक्षसियाँ कुपित होकर काँपती हुई सीता पर चारों ओर से टूट पड़ीं। उनका क्रोध बहुत बढ़ा हुआ था। राक्षसियों के बारम्बार धमकाने पर सर्वांगसुन्दरी कल्याणी सीता अपने आँसू पोंछती हुई उसी अशोकवृक्ष के नीचे चली आईं जिस पर हनुमान जी छिपे बैठे थे। शोकसागर में डूबी हुई विशाललोचना वैदेही वहाँ चुपचाप बैठ गईं। वे अत्यन्त दीन व दुर्बल हो गई थीं तथा उनके वस्त्र मलिन हो चुके थे। विकराल राक्षसियाँ फिर उन्हें घेरकर तरह-तरह से धमकाने लगीं।

विकराल रूप वाली राक्षसियों के द्वारा इस प्रकार से धमकाये जाने पर देवकन्या के समान सुन्दरी सीता धैर्य छोड़ कर रोने लगीं। विलाप करते हुए वे कहने लगीं, "हे भगवान! अब यह विपत्ति नहीं सही जाती। प्रभो! मुझे इस विपत्ति से छुटकारा दिलाओ, या मुझे इस पृथ्वी से उठा लो। बड़े लोगों ने सच कहा है कि समय से पहले मृत्यु भी नहीं आती। आज मेरी कैसी दयनीय दशा हो गई है। कहाँ अयोध्या का वह राजप्रासाद जहाँ मैं अपने परिजनों तथा पति के साथ अलौकिक सुख भोगती थी और कहाँ यह दुर्दिन जब मैं पति से विमुख छल द्वारा हरी गई इन राक्षसों के फंदों में फँस कर निरीह हिरणी की भाँति दुःखी हो रही हूँ। आज अपने प्राणेश्वर के बिना मैं जल से निकाली गई मछली की भाँति तड़प रही हूँ। इतनी भायंकर वेदना सह कर भी मेरे प्राण नहीं निकल रहे हैं। आश्चर्य यह है कि मर्मान्तक पीड़ा सह कर भी मेरा हृदय टुकड़े-टुकड़े नहीं हो गया। मुझ जैसी अभागिनी कौन होगी जो अपने प्राणाधिक प्रियतम से बिछुड़ कर भी अपने प्राणों को सँजोये बैठी है। अभी न जाने कौन-कौन से दुःख मेरे भाग्य में लिखे हैं। न जाने वह दुष्ट रावण मेरी कैसी दुर्गति करेगा। चाहे कुछ भी हो, मैं उस महापातकी को अपने बायें पैर से भी स्पर्श न करूँगी, उसके इंगित पर आत्म समर्पण करना तो दूर की बात है। यह मेरा दुर्भाग्य ही है किस एक परमप्रतापी वीर की भार्या हो कर भी दुष्ट रावण के हाथों सताई जा रही हूँ और वे मेरी रक्षा करने के लिये अभी तक यहाँ नहीं पहुँचे। मेरा तो भाग्य ही उल्टा चल रहा है। यदि परोपकारी जटायुराज इस नीच के हाथों न मारे जाते तो वे अवश्य राघव को मेरा पता बता देते और वे आ कर रावण का विनाश करके मुझे इस भयानक यातना से मुक्ति दिलाते। परन्तु मेरा मन कह रहा है दि दुश्चरित्र रावण के पापों का घड़ा भरने वाला है। अब उसका अन्त अधिक दूर नहीं है। वह अवश्य ही मेरे पति के हाथों मारा जायेगा। उनके तीक्ष्ण बाण लंका को लम्पट राक्षसों के आधिपत्य से मुक्त करके अवश्य मेरा उद्धार करेंगे। किन्तु उनकी प्रतीक्षा करते-करते मुझे इतने दिन हो गये और वे अभी तक नहीं आये। कहीं ऐसा तो नहीं है कि उन्होंने मुझे मरा हुआ समझ लिया हो और इसलिये अब वे मेरी खोज खबर ही न ले रहे हों। यह भी तो हो सकता है कि दुष्ट मायावी रावण ने जिस प्रकार छल से मेरा हरण किया, उसी प्रकार उसने छल से उन दोनों भाइयों का वध कर डाला हो। उस दुष्ट के लिये कोई भी नीच कार्य अकरणीय नहीं है। दोनों दशाओं

में मेरे जीवित रहने का प्रयोजन नहीं है। यदि उन्होंने मुझे मरा हुआ समझ लिया है या इस दुष्ट ने उन दोनों का वध कर दिया है तो भी मेरा और उनका मिलन जअब असम्भव हो गया है। जब मैं अपने प्राणेश्वर से नहीं मिल सकती तो मेरा जीवित रहना व्यर्थ है। मैं अभी इसी समय अपने प्राणों का उत्सर्ग करूँगी।"

सीता के इन निराशा भरे वचनों को सुन कर पवनपुत्र हनुमान अपने मन में विचार करने लगे कि अब इस बात में कोई सन्देह नहीं है कि यह ही जनकनन्दिनी जानकी हैं जो अपने पति के वियोग में व्यकुल हो रही हैं। यही वह समय है, जब इन्हें धैर्य की सबसे अधिक आवश्यकता है।

22
हनुमान सीता भेट

• हनुमान सीता भेट

पराक्रमी हनुमान जी विचार करने लगे कि सीता का अनुसंधान करते करते मैंने गुप्तरूप से शत्रु की शक्ति का पता लगा लिया है तथा राक्षसराज रावण के प्रभाव का भी निरीक्षण भी कर लिया है। जिन सीता जी को हजारों-लाखों वानर समस्त दिशाओं में ढूँढ रहे हैं, आज उन्हें मैंने पा लिया है। ये शोक के कारण व्याकुल हो रही हैं अतः इन्हें सान्त्वना देना उचित है। परन्तु राक्षसियों की उपस्थिति में इनसे बात करना मेरे लिये ठीक नहीं होगा। अब मेरे समक्ष समस्या यह है कि मैं अपने इस कार्य को कैसे सम्पन्न करूँ। यदि रात्रि के व्यतीत होते होते मैंने सीता जी को सान्त्वना नहीं दिया तो निःसन्देह ये सर्वथा अपने जीवन का परित्याग कर देंगी। यदि किसी कारणवश मैं सीता से न मिल सका तो मेरा सारा प्रयत्न निष्फल हो जायेगा।

रामचन्द्र और सुग्रीव को सीता के यहाँ उपस्थित होने का समाचार देने से भी कोई लाभ नहीं होगा, क्योंकि इनकी दुःखद दशा को देखते हुये यह नहीं कहा जा सकता कि ये किस समय निराश हो कर अपने प्राण त्याग दें। इसलिये उचित यही होगा कि मैं सीता जी, जिनका चित्त अपने स्वामी में ही लगा हुआ है, को श्री राम के गुण गा-गाकर सुनाऊँ जिससे उन्हें मुझ पर विश्वास हो जाये। इस प्रकार भली-भाँति विचार कर के हनुमान मन्द-मन्द मृदु स्वर में बोलने लगे, "इक्ष्वाकुओं के कुल में परमप्रतापी, तेजस्वी, यशस्वी एवं धन-धान्य समृद्ध विशाल पृथ्वी के स्वामी चक्रवर्ती महाराज दशरथ हुये हैं।

उनके ज्येष्ठ पुत्र उनसे भी अधिक तेजस्वी, परमपराक्रमी, धर्मपरायण, सर्वगुणसम्पन्न, अतीव दयानिधि श्री रामचन्द्र जी अपने पिता द्वारा की गई प्रतिज्ञा का पालन करने के लिये अपने छोटे भाई लक्ष्मण के साथ जो उतने ही वीर, पराक्रमी और भ्रातृभक्त हैं, चौदह वर्ष की वनवास की अवधि समाप्त करने के लिये अनेक वनों में भ्रमण करते हुये चित्रकूट में आकर निवास करने लगे। उनके साथ उनकी परमप्रिय पत्नी महाराज

जनक की लाड़ली सीता जी भी थीं।

वनों में ऋषि-मुनियों को सताने वाले राक्षसों का उन्होंने सँहार किया। लक्ष्मण ने जब दुराचारिणी शूर्पणखा के नाक-कान काट लिये तो उसका प्रतिशोध लेने के लिये उसके भाई खर-दूषण उनसे युद्ध करने के लिये आये जिनको रामचन्द्र जी ने मार गिराया और उस जनस्थान को राक्षसविहीन कर दिया। जब लंकापति रावण को खर-दूषण की मृत्यु का समाचार मिला तो वह अपने मित्र मारीच को ले कर छल से जानकी का हरण करने के लिये पहुँचा। मायावी मारीच ने एक स्वर्ण मृग का रूप धारण किया, जिसे देख कर जानकी जी मुग्ध हो गईं। उन्होंने राघवेन्द्र को प्रेरित कर के उस माया मृग को पकड़ कर या मार कर लाने के लिये भेजा। दुष्ट मारीच ने मरते-मरते राम के स्वर में 'हा सीते! हा लक्ष्मण!' कहा था। जानकी जी भ्रम में पड़ गईं और लक्ष्मण को राम की सुधि लेने के लिये भेजा। लक्ष्मण के जाते ही रावण ने छल से सीता का अपहरण कर लिया।

लौट कर राम ने जब सीता को न पाया तो वे वन-वन घूम कर सीता की खोज करने लगे। मार्ग में वानरराज सुग्रीव से उनकी मित्रता हुई। सुग्रीव ने अपने लाखों वानरों को दसों दिशाओं में जानकी जी को खोजने के लिये भेजा. मुझे भी आपको खोजने का काम सौंपा गया। मैं चार सौ कोस चौड़े सागर को पार कर के यहाँ पहुँचा हूँ। श्री रामचन्द्र जी ने जानकी जी के रूप-रंग, आकृति, गुणों आदि का जैसे वर्णन किया था, उस शुभ गुणों वाली देवी को आज मैंने देख लिया है।" इतना कह कर हनुमान चुप हो गये। उनकी बातें सुनकर जनकनन्दिनी सीता को विस्मययुक्त प्रसन्नता हुई।

जब उन्होंने ऊपर-नीचे तथा इधर-उधर दृष्टिपात किया तो शाखा के भीतर छिपे हुए, विद्युतपुञ्ज के सामन अत्यन्त पिंगल वर्ण वाले श्वेत वस्त्रधारी हनुमान जी पर उनकी दृष्टि पड़ी। स्वयं पर सीता जी की दृष्टि पड़ते देख कर मूँगे के समान लाल मुख वाले महातेजस्वी पवनकुमार उस अशोक वृक्ष से नीचे उतर आये। माथे पर अञ्जलि बाँध सीता जी निकट आकर उन्होंने विनीतभाव से दीनतापूर्वक प्रणाम किया और मधुर वाणी में कहा, "हे देवि! आप कौन हैं? आपका कोमल शरीर सुन्दर वस्त्राभूषणों से सुसज्जित होने योग्य होते हुये भी आप इस प्रकार का नीरस जीवन व्यतीत कर रही हैं। आपके अश्रु भरे नेत्रों से ज्ञात होता है कि आप अत्यन्त दुःखी हैं। आपको देख कर ऐसा प्रतीत होता है किस आप आकाशमण्डल से गिरी हुई रोहिणी हैं।

आपके शोक का क्या कारण है? कहीं आपका कोई प्रियजन स्वर्ग तो नहीं सिधार गया? कहीं आप जनकनन्दिनी सीता तो नहीं हैं जिन्हें लंकापति रावण जनस्थान से चुरा लाया है? जिस प्रकार आप बार-बार ठण्डी साँसें लेकर 'हा राम! हा राम!' पुकारती हैं, उससे ऐसा अनुमान लगता है कि आप विदेहकुमारी जानकी ही हैं। यदि आप सीता जी ही हैं तो आपका कल्याण हो। आप मुझे सही-सही बताइये, क्या मेरा यह अनुमान सही है?" हनुमान का प्रश्न सुन कर सीता बोली, "हे वानरराज! तुम्हारा अनुमान अक्षरशः सही है। मैं जनकपुरी के महाराज जनक की पुत्री, अयोध्या के चक्रवर्ती महाराज दशरथ की पुत्रवधू तथा परमतेजस्वी

धर्मात्मा श्री रामचन्द्र जी की पत्नी हूँ। जब श्री रामचन्द्र जी अपने पिता की आज्ञा से वन में निवास करने के लिये आये तो मैं भी उनके साथ वन में आ गई थी।

वन से ही यह दुष्ट पापी रावण छलपूर्वक मेरा अपहरण करके मुझे यहाँ ले आया। वह मुझे निरन्तर यातनाएँ दे रहा है। आज भी वह मुझे दो मास की अवधि देकर गया है। यदि दो मास के अन्दर मेरे स्वामी ने मेरा उद्धार नहीं किया तो मैं अवश्य प्राण त्याग दूँगी। यही मेरे शोक का कारण है। अब तुम मुझे कुछ अपने विषय में बताओ।"

23

लंका में राक्षसी मन्त्रणा

- **लंका में राक्षसी मन्त्रणा**

इन्द्रतुल्य पराक्रमी हनुमान जी ने लंका में जो अत्यन्त भयावह घोर कर्म किया था, उसे देखकर राक्षसराज रावण को बड़ी लज्जा और ग्लानि हुई। उसने समस्त प्रमुख राक्षसों को बुला कर कहा, "निशाचरों! एकमात्र वानर हनुमान अकेला इस दुर्धर्ष पुरी में घुस आया। उसने इसे तहस-नहस कर डाला और जनककुमारी सीता से भेंट भी कर लिया। सूचना मिली है कि राम सहस्रों धीरवीर वानरों के साथ हमारी लंकापुरी पर आक्रमण करने के लिये आ रहे हैं। यह बात भी भलीभाँति स्पष्ट हो चुकी है कि वे रघुवंशी राम अपने समुचित बल के द्वारा भाई, सेना और सेवकों सहित सुखपूर्वक समुद्र को पार कर लेंगे। ऐसी स्थिति में वानरों से विरोध आ पड़ने पर नगर और सेना के लिये जो भी हितकर हो, वैसे सलाह आप लोग दीजिये।"

राक्षस बलवान तो बहुत थे किन्तु न तो उन्हें नीति का ज्ञान था और न ही वे शत्रुपक्ष के बलाबल को समझते थे। इसलिये वे कहने लगे, "राजन्! आप व्यर्थ ही भयभीत हो रहे हैं। आपने नागों और गन्धर्वों को भी युद्ध में परास्त कर दिया है, दानवराज मय ने आपसे भयभीत होकर अपनी कन्या आपको समर्पित कर दी थी, मधु नामक दैत्य को आपने जीता है। आपके पुत्र मेघनाद ने देवताओं के अधिपति इन्द्र पर विजय प्राप्त करके इन्द्रजित की उपाधि प्राप्त की है। साधारण नर और वानरों से प्राप्त हुई इस आपत्ति के विषय में चिन्ता करना आपके लिये उचित नहीं है। आप सहज ही राम का वध कर डालेंगे।"

रावण के समक्ष प्रहस्त, दुर्मुख, वज्रदंष्ट्र, निकुम्भ, वज्रहनु आदि प्रमुख राक्षसों शत्रुसेना को मार गिराने के लिये अत्यन्त उत्साह दिखाया। उनके उत्साहवर्धक वचन सुनकर रावण अत्यन्त प्रसन्न हुआ और उनकी हाँ में हाँ मिलाने लगा।

मन्त्रियों को रावण की हाँ में हाँ मिलाते देख विभीषण ने हाथ जोड़कर कहा, "हे तात! जो मनोरथ साम (मेल मिलाप), दान (प्रलोभन) और भेद (शत्रु पक्ष में फूट डालना) से सिद्ध न

• 58 •

हो सके, उसकी प्राप्ति के लिये नीतिशास्त्र का आश्रय लेना चाहिये। हे रावण! अस्थिर बुद्धि, व्याधिग्रस्त आदि लोगों पर बल का प्रयोग करके कार्य सिद्ध करना चाहिये, परन्तु राम न तो अस्थिर बुद्धि है और न व्याधिग्रस्त। वह तो दृढ़ निश्चय के साथ आपसे युद्ध करने के लिये आया है, इसलिये उस पर विजय प्राप्त करना सरल नहीं है। क्या हम जानते थे कि एक छोटा सा वानर हनुमान इतना विशाल सागर पार करके लंका में घुस आयेगा? परन्तु वह केवल आया ही नहीं, लंका को भी विध्वंस कर गया। इस एक घटना से हमें राम की शक्ति का अनुमान लगा लेना चाहिये। उस सेना में हनुमान जैसे लाखों वानर हैं जो राम के लिये अपने प्राणों की भी बलि चढ़ा सकते हैं। इसलिये मेरी सम्मति है कि आप राम को सीता लौटा दें और लंका को भारी संकट से बचा लें। यदि ऐसा न किया गया तो मुझे भय है कि लंका का सर्वनाश हो जायेगा। राम-लक्ष्मण के तीक्ष्ण बाणों से लंका का एक भी नागरिक जीवित नहीं बचेगा। आप मेरे प्रस्ताव पर गम्भीरता से विचार करें। यह मेरा निवेदन है।"

24

सेतु बन्धन

- सेतु बन्धन

वानरसेना के समक्ष विशाल समुद्र लहरें मार रहा था और उसे पार करना एक बहुत बड़ी समस्या थी। राम के क्रोध से भयभीत होकर समुद्र ने स्वयं वहाँ आकर बताया कि सुग्रीव की सेना में नल और नील कुशल शिल्पी हैं। उनके नेतृत्व में समुद्र पर सेतु बाँधना सम्भव हो सकेगा। इतना बताकर समुद्र वापस चले गये।

समुद्र की बात सुनकर वानर नल ने श्री राम से कहा, "प्रभो, मैं विश्वकर्मा का औरस पुत्र हूँ और गुण में उन्हीं के समान हूँ। मैं महासागर पर पुल बाँधने में सर्वथा समर्थ हूँ इसलिये मैं समुद्र पर सेतु का निर्माण करूँगा।

नल-नील असंख्य वानरों को लेकर सेतु निर्माण के कार्य में जुट गये। उनके आदेश के अनुसार वानर सेना बड़े-बड़े वृक्षों को उखाड़ कर समुद्र तट पर एकत्रित करने लगे। देखते-देखते वहाँ साल, अश्वकर्ण, धब, बाँस, कुटज, अर्जुन, कर्णिकार, जामुन, अशोक आदि वृक्षों का एक विशाल गगनचुम्बी ढेर लग गया। इस प्रकार सागर के किनारे वृक्षों तथा शिलाओं के दो विशाल पर्वत बन गये। इसके पश्चात् उन्होंने बड़े-बड़े शिलाखण्डों को समुद्र में नल-नील के निर्देशानुसार डालना आरम्भ किया। उन शिलाखण्डों एवं वृक्षों को शिल्पकला में चतुर नल-नील सेतु का रूप देते जा रहे थे। इस प्रकार उन्होंने अधिक परिश्रम करके पहले ही दिन छप्पन कोस लम्बा पुल बना दिया। दूसरे दिन उन्होंने और भी अधिक फुर्ती दिखाई और चौरासी कोस लम्बा पुल बनाया। फिर अतुल परिश्रम से तीसरे दिन बानबे कोस लम्बा सेतु बनाया। इस प्रकार निरन्तर परिश्रम करके उन्होंने चार सौ कोस लम्बा पुल बना डाला। अब नल-नील के प्रयत्नों से चालीस कोस चौड़ा और चार सौ कोस लम्बा मजबूत पुल बन कर तैयार हो गया।

समुद्र पर सेतु बन जाने के पश्चात् श्री रामचन्द्र जी ने हनुमान की पीठ पर और लक्ष्मण ने अंगद की पीठ पर बैठ कर सेतु पर होते हुये विशाल सागर पार किया। उनके पीछे-पीछे

सम्पूर्ण वानर सेना भी सुग्रीव के नेतृत्व में समुद्र को पार कर लंका में पहुँच गई। इस सेना के लंका में पहुँचते ही राक्षसों में भयानक हलचल मच गई। वे लंका दहन की घटना को स्मरण कर भयभीत होने लगे।

उधर रावण ने शुक और सारण नामक मन्त्रियों को बुला कर उनसे कहा, "हे चतुर मन्त्रियों! अब राम ने वानरों की सहायता से अगाध समुद्र पर सेतु बाँध कर उसे पार कर लिया है और वह लंका के द्वार पर आ पहुँचा है। तुम दोनों वानरों का वेश बना कर राम की सेना में प्रवेश करो और यह पता लगाओ कि शत्रु सेना में कुल कितने वानर हैं, उनके पास अस्त्र-शस्त्र कितने और किस प्रकार के हैं तथा मुख्य-मुख्य वानर नायकों के नाम क्या हैं।"

रावण की आज्ञा पाकर दोनों कूटनीतिज्ञ मायावी राक्षस वानरों का वेश बना कर वानरोंसेना में घुस गये, परन्तु वे विभीषण की तीक्ष्ण दृष्टि से बच न सके। विभीषण ने उन दोनों को पकड़ कर राम के सम्मुख करते हुये कहा, "हे राघव! ये दोनों गुप्तचर रावण के मन्त्री शुक और सारण हैं जो हमारे कटक में गुप्तचरी करते पकड़े गये हैं।"

राम के सामने जाकर दोनों राक्षस थर-थर काँपते हुये बोले, "हे राजन्! हम राक्षसराज रावण के सेवक हैं। उन्हीं की आज्ञा से आपके बल का पता लगाने के लिये आये थे। हम उनकी आज्ञा के दास हैं, इसलिये उनका आदेश पालन करने के लिये विवश हैं। राजभक्ति के कारण हमें ऐसा करना पड़ा है। इसमें हमारा कोई दोष नहीं है।"

उनके ये निश्चल वचन सुन कर रामचन्द्र बोले, "हे मन्त्रियों! हम तुम्हारे सत्य भाषण से बहुत प्रसन्न हैं। तुमने यदि हमारी शक्ति देख ली है, तो जाओ। यदि अभी कुछ और देखना शेष हो तो भली-भाँति देख लो। हम तुम्हें कोई दण्ड नहीं देंगे। आर्य लोग शस्त्रहीन व्यक्ति पर वार नहीं करते। अतएव तुम अपना कार्य पूरा करके निर्भय हो लंका को लौट जाओ। तुम साधारण गुप्तचर नहीं, रावण के मन्त्री हो। इसलिये उससे कहना, जिस बल के भरोसे पर तुमने मेरी सीता का हरण किया है, उस बल का परिचय अपने भाइयों, पुत्रों तथा सेना के साथ हमें रणभूमि में देना। कल सूर्योदय होते ही अन्धकार की भाँति तुम्हारी सेना का विनाश भी आरम्भ हो जायेगा।"

श्री रामचन्द्र जी के वचनों से भयरहित हो उनका जयजयकार करते हुये शुक तथा सारण लंका में पहुँचे और रावण के सम्मुख उपस्थित होकर बोले, "हे स्वामिन्! हमारे वानर सेना में प्रवेश करते ही विभीषण ने हमें पहचान कर राम के सम्मुख उपस्थित कर दिया, परन्तु राम ने हमें निःशस्त्र दूत समझ कर छोड़ दिया। अब रही वानरों के बल की बात, उसका पता लगाना सम्भव नहीं है, क्योंकि उनमें प्रत्येक के मन में आपके विरुद्ध क्रोध तथा घृणा की ज्वाला धधक रही है। उनसे बात करना ही सम्भव नहीं है, किसी बात का पता लगाना तो बहुत कठिन है। राम ने कहलवाया है कि सूर्योदय होते ही वह राक्षस सेना का विनाश आरम्भ कर देगा। अब आप जैसा उचित समझें वैसा करें।"

दोनों मन्त्रियों के ये वचन सुनकर रावण क्रोध से उबलते हुये बोला, "चाहे कुछ भी हो जाय, मैं किसी भी दशा में सीता को वापिस नहीं करूँगा। मुझे विश्वास है, राम अपनी सेना

सहित युद्ध भूमि में मेरे हाथों से अवश्य मारा जायेगा।"

मन्त्रियों के उत्तर से सन्तुष्ट न होकर रावण ने कुछ अन्य गुप्तचरों को छद्म वेश में वानर सेना में भेजा। उन्होंने बड़ी चतुराई से सम्पूर्ण जानकारी प्राप्त करके रावण को बतलाया कि राम ने अपना सैनिक शिविर सुवेल पर्वत पर लगाया है। उनमें जाम्बवन्त नामक ऋक्ष सबसे दुर्धर्ष एवं तेजस्वी है। उसके अतिरिक्त तीन वानर सबसे अधिक बलवान और पराक्रमी हैं। उनके नाम सुमुख, दुर्मुख तथा वेगदर्शी हैं। नल-नील उस सैनिक टुकड़ी के अध्यक्ष हैं जिसने समुद्र पर सेतु बाँधा है। अंगद अपने पिता वालि से भी अधिक तेजस्वी एवं बलवान है। उसके अतिरिक्त सहस्त्रों अद्भुत शक्तिसम्पन्न पराक्रमी वानर हैं। राम और लक्ष्मण तो जनस्थान को नष्ट करके अपने बल का परिचय आपको दे ही चुके हैं।

25

सीता के साथ छल

• सीता के साथ छल

जब रावण के गुप्तचरों ने बताया कि श्री रामचन्द्र जी की सेना सुवेल पर्वत पर आकर ठहरी है और उस पर विजय पाना असम्भव है तब वह उद्वेलित हो गया। उसने महाबली, महामायावी, मायाविशारद राक्षस विधुज्जिह्व को बुलाकर आदेश दिया कि वह शीघ्र श्री रामचन्द्र जी का मायानिर्मित मस्तक बनाकर लाये। रावण की आज्ञा पाकर वह शीघ्र ही श्री राम का सिर बना लाया जो रक्त से लथपथ था। उसे देखकर कोई नहीं कह सकता था कि ये वास्तव में राम का मस्तक नहीं है। उस मस्तक को बाण की नोक पर रखकर वह अशोकवाटिका में जाकर सीता से बोला, "हे सीते! तूने राम की शक्ति पर अगाध विश्वास करके मेरा कहना नहीं माना। देख, राम युद्धभूमि में मारा गया। ले, अपने पति के मरने का समाचार सुन और इस सिर को देखकर अपने अभिमान पर आँसू बहा। वह अभिमानी वानरों के भरोसे मुझसे युद्ध करने आया था। रात्रि को जब वानर सेना सहित राम और लक्ष्मण दोनों सो रहे थे, तब मेरे सेनापति प्रहस्त ने एक विशाल सेना लेकर उस पर आक्रमण कर दिया और अपने भयंकर हथियारों से मारकाट मचा दी। बहुत सी सेना मारी गई और जो बचे, वे प्राण लेकर भाग गये। तब प्रहस्त ने सोते हुये राम के सिर को काट डाला। इस आक्रमण में विभीषण भी मारा गया। तुझे प्राप्त करने के लिये मुझे ऐसा भयंकर संहार करना पड़ा। अब तेरा कोई आश्रय नहीं रह गया है, इसलिये अब तुझे चाहिये कि तू मुझे पति रूप में स्वीकार कर ले।"

इतना कह कर रावण ने उस मायारचित सिर को सीता के समक्ष रख दिया।

जब सीता ने उन दोनों मस्तकों को देखा जो सब प्रकार से आकृति, मुद्रा आदि में राम से मिलता था तो वह बिलख-बिलख कर रो पड़ी और नाना प्रकार से विलाप करती हुई कैकेयी को कोसने लगी, "हा! आज कैकेयी की मनोकामना पूरी हो गई। हा नागिन! आज तुम्हारी इच्छा पूरी हुई। अब तुम्हारा भरत निष्कंटक होकर राज करेगा। तुमने अपने स्वार्थ के पीछे

रघुकुल का नाश कर दिया।"

इस प्रकार विलाप करती हुई वे मूर्च्छित होकर पृथ्वी पर गिर पड़ीं। जब चेतना लौटी तो वे फिर विलाप करने लगीं, "हा नाथ! यह सब क्या हो गया? आज मैं विधवा हो गई। आप मुझे यहाँ किसके भरोसे पर छोड़ गये। मुझसे ऐसा क्या अपराध हो गया है कि मैं रो-रो कर मर रही हूँ और आप चुपचाप देख रहे हैं। मुझसे सान्त्वना का एक शब्द भी नहीं कह रहे। ऐसे निर्मोही तो आप कभी नहीं थे। वन चलते समय आपने वचन दिया था कि तेरा साथ कभी नहीं छोड़ूँगा, परन्तु आज आप मुझे अकेला छोड़ कर चल दिये। आपकी प्रतीक्षा में आँखें बिछाये कौसल्या जब ये समाचार सुनेंगी तो उनकी क्या दशा होगी? कौन उनके आँसू पोंछेगा? हा! आज मैं ही आप दोनों कि मृत्यु का कारण बन गई। हे नीच रावण! तूने दोनों भाइयों की हत्या तो करा ही दी अब मेरा शीश भी काटकर अपनी कृपाण की प्यास बुझा ले। मेरे पति स्वर्ग में मेरी प्रतीक्षा कर रहे हैं। अब मैं इस संसार में एक क्षण भी रहना नहीं चाहती। उठा तलवार, कर अपना काम।"

जब सीता इस प्रकार विलाप कर रही थी तभी एक राक्षस ने आकर रावण को सूचना दी कि मन्त्री प्रहस्त अत्यन्त आवश्यक कार्य से इसी समय आपके दर्शन करना चाहते हैं। यह सुनते ही रावण तत्काल उस सिर को लेकर वहाँ से चला गया। उस समय तक सीता पुनः मूर्च्छित हो चुकी थीं।

विभीषण की स्त्री इस घटना की सूचना पा कर अशोकवाटिका में आई। वह सीता की मूर्छा दूर करके उन्हें समझाने लगी, "रावण ने तुमसे जो कुछ कहा है, वह झूठ है। राम न तो मारे गये हैं और न ये दुष्ट उन्हें मार ही सकते हैं। ये सिर माया से बनाया गया हैं। तुम इसके छल में पड़कर यह भी भूल गईं कि लक्ष्मण दिन रात राघव की सेवा में रहते हैं और वे रात को कभी नहीं सोते। फिर सोते में उनके सिर कैसे काटे जा सकते हैं? तनिक कान लगाकर सुनो। रण की तैयारी करती हुई राक्षस सेना की गर्जना की ध्वनि स्पष्ट सुनाई दे रही है। यदि राम-लक्ष्मण वानरों सहित मारे जाते तो फिर यह तैयारी किसलिये होती?"

ये तर्कयुक्त वचन सुनकर सीता इस बात पर विचार करने लगी।

26

मायासीता का वध

- **मायासीता का वध**

युद्ध में चार पराक्रमी पुत्रों और दो भाइयों के मारे जाने का समाचार सुनकर रावण को बहुत अधिक दुःख और रोष हुआ। हताश होकर वह सोचने लगा कि इस शत्रु से कैसे त्राण पाया जाये। अत्यधिक चिन्तन करने पर पर भी उसे कोई मुक्ति नहीं सूझ रही थी। अन्त में उसने मेघनाद को बुलाकर कहा, "हे पुत्र! शत्रुओं ने अपनी सेना के सभी श्रेष्ठ योद्धाओं को एक-एक करके मार डाला है। अब मुझे लंका में ऐसा कोई महावीर दिखाई नहीं देता जो राम-लक्ष्मण सहित वानर सेना का विनाश कर सके। अतः मेरी आशा तुम्हारे ऊपर ही टिकी हुई है। इसलिये अब तुम ही रणभूमि में जाकर दुर्दमनीय शत्रुओं का नाश करके लंका की रक्षा करो। तुमने महापराक्रमी इन्द्र को भी परास्त किया है तथा तुम सब प्रकार की युद्ध कला में प्रवीण भी हो। इसलिये तुम्हीं उनका विनाश कर सकते हो।"

पिता की आज्ञा के अनुसार मेघनाद दिव्य रथ में आरूढ़ हो विशाल राक्षसी सेना के साथ युद्धभूमि की ओर चला। मार्ग में वह विचार करने लगा कि राम और लक्ष्मण बड़े शक्तिशाली योद्धा हैं जिन्होंने प्रहस्त, कुम्भकर्ण, महोदर तथा अतिकाय जैसे पराक्रमी योद्धाओं का वध कर डाला। यदि किसी प्रकार इनका मनोबल टूट जाय तो इन पर विजय प्राप्त करना सरल हो जायेगा। इस प्रकार विचार करते हुये उसके मस्तिष्क में एक युक्ति आई। उसने अपनी माया के बल से सीता की आकृति का निर्माण किया और उसे रथ में रख लिया। इसके पश्चात् वह सिंह गर्जना करता हुआ वानर सेना के सम्मुख जा पहुँचा। मेघनाद सहित शत्रु सेना को सामने देखकर वानर शिला और वृक्ष लेकर उस पर टूट पड़े। हनुमान भी एक भारी शिला उखाड़कर मेघनाद पर झपटे, परन्तु रथ में दीन-मलिन, दुर्बल सीता को देखकर ठिठक गये। फिर उन्होंने सीता को बचाकर मेघनाद पर वार करना आरम्भ कर दिया। हनुमान को लगातार अपने ऊपर वार करते देख वह एक हाथ से तलवार खींचकर दूसरे हाथ से मायानिर्मित सीता के केश पकड़ उसे झकझोरने लगा। सीता की यह दुर्दशा

देखकर क्रोध और सन्ताप से विदीर्ण हुये पनवपुत्र बोले, "अरे नीच! ब्राह्मण की सन्तान होते हुये तुझे स्त्री पर हाथ उठाते लज्जा नहीं आती? धिक्कार है तेरी बुद्धि और बल पर। एक अबला को मारकर अपनी वीरता को कलंकित करते हुये तुझे संकोच नहीं होता? रे दुष्ट! तू जानकी की हत्या करके कभी जीवित नहीं बच सकेगा।"

इतना कहकर हनुमान और वानर सेना पत्थर बरसाते हुये उसे मारने के लिये दौड़े, किन्तु मेघनाद और उसके सैनिकों ने उन्हें रथ तक नहीं पहुँचने दिया। उनके सारे प्रयत्नों को निष्फल कर दिया।

तब घोर गर्जना करता हुआ मेघनाद बोला, "हनुमान! स्त्री पर हाथ डालना यद्यपि धर्म के विरुद्ध है, किन्तु शत्रु को प्रत्येक प्रकार से पीड़ा पहुँचाना नीति के विरुद्ध नहीं है। इसलिये तेरे सामने ही मैं सीता का वध करूँगा। सीता ही सारे दुःखों की जड़ है। उसके मरने के बाद ही लंका में सुख-शान्ति स्थापित होगी।"

यह कहकर उसने माया से बनी सीता का सिर काट दिया। सिर कटते ही वानर सेना में निराशा फैल गई। वह दुःख के सागर में डूबकर किंकर्तव्यविमूढ़ सी खड़ी रह गई। इस दशा का लाभ उठाकर राक्षस बड़ी मात्रा में वानरों का विनाश करने लगे। उधर हनुमान ने दुःखी होकर रामचन्द्र जी को समाचार दिया कि मेघनाद ने हमारे सामने सीता जी का सिर तलवार से काट दिया और वे "हा राम! हा राम!!" कहती हुई स्वर्ग सिधार गईं। यह समाचार सुनते ही राम मूर्च्छित होकर पृथ्वी पर गिर पड़े। कुछ वानर उन्हें घेरकर चैतन्य करने का प्रयत्न करने लगे। लक्ष्मण भी शोकातुर होकर विलाप करने लगे। साथ ही वे अपने बड़े भाई को होश में लाने की चेष्टा भी करते जाते थे।

जब विभीषण ने यह संवाद सुना तो उसने आकर बड़ी कठिनाई से रामचन्द्र को सचेत किया और समझाते हुये कहा, "हे रघुनन्दन! हनुमान ने जो कुछ आपसे कहा है, वह सत्य नहीं है। सीता का वध किसी भी दशा में सम्भव नहीं है। रावण ऐसा कभी नहीं करेगा और न किसी को उन्हें स्पर्श करने देगा। इसमें सन्देह नहीं कि मेघनाद ने आपके साथ छल किया है। इस समय वह रणभूमि में भी नहीं है। मेरी सूचना के अनुसार वह निकुम्मिला देवी के मन्दिर में यज्ञ करने के लिये गया है। इस यज्ञ के सम्पन्न हो जाने पर वह अपराजेय हो जायेगा। इसलिये आप तत्काल सेना सहित लक्ष्मण को उस मन्दिर में भेजकर यज्ञ को पूरा न होने दें और वहीं मेघनाद का वध करा दें। आप लक्ष्मण को आज्ञा दें। मैं भी उनके साथ जाउँगा। आज यज्ञ पूर्ण होने से पहले मेघनाद का वध होना ही चाहिये।"

27
रावण वध

• **रावण वध**

उधर रावण रथारूढ़ हो फिर युद्ध करने के लिये लौट आया। राम पृथ्वी पर खड़े होकर रथ में सवार रावण से युद्ध करने लगे तो देवराज इन्द्र ने उनके पास अपना रथ भिजवाकर प्रार्थना की कि वे उस पर सवार होकर युद्ध करें। दोनों ही पराक्रमी वीर रथों पर सवार होकर भीषण युद्ध करने लगे। उनके अद्भुत रण-कौशल को देखकर दिग्गज वीरों भी रोमांचित होने लगे। इधर रावण ने नागास्त्र छोड़ा तो उधर श्रीराम ने गरुड़ास्त्र। रावण ने इन्द्र के रथ की ध्वजा काट डाली और घोड़ों को घायल कर दिया। रावण के बाणों से बार-बार आहत होने के कारण श्रीराम अपने बाणों को प्रत्यंचा पर नहीं चढ़ा पा रहे थे। जब रावण ने उन पर शूल नामक महाभयंकर शक्ति छोड़ी तो राम ने क्रोधपूर्वक इन्द्र द्वारा दी हुई शक्ति छोड़कर उस शूल को नष्ट कर दिया। फिर उन्होंने लगातार बाण वर्षा करके रावण को बुरी तरह घायल कर दिया। रावण की यह दशा देखकर उसका सारथी उसे रणभूमि से बाहर ले गया। अपने सारथी के इस कार्य से रावण को बहुत क्रोध आया और उस फटकार कर उसने रथ को पुनः रणभूमि में ले चलने आज्ञा दी।

श्रीराम के सम्मुख पहुँचकर वह फिर उन पर बाणों की वर्षा करने लगा। दोनों महावीर महारथियों के बीच फिर ऐसा भयंकर युद्ध आरम्भ हुआ कि वानरों और राक्षसों की विशाल सेनाएँ और पराक्रमी वीर अपने हाथों में हथियार होते हुये भी निश्चेष्ट होकर उनका रणकौशल देखने लगे। राक्षसों की दृष्टि रावण के पराक्रम पर अटकी हुई थी तो वानरों की श्रीराम के शौर्य पर। श्रीराम को अपनी विजय पर पूर्ण विश्वास था और परिस्थितियों को देखते हुये रावण समझ गया था कि उसकी मृत्यु निश्चित है। यह सोचकर दोनों रणकेसरी अपनी पूरी शक्ति से युद्ध करने लगे। पहले रामचन्द्र जी ने रावण के रथ की ध्वजा को एक ही बाण से काट गिराया। इससे क्रोधित होकर रावण चारों ओर गदा, चक्र, परिध, मूसल, शूल तथा माया निर्मित शस्त्रों की वर्षा करने लगा। दोनों ओर से भयानक घात-प्रतिघात होने

लगे। युद्ध विषयक प्रवृति और निवृति में दोनों ही रणपण्डित अपना-अपना अद्भुत कौशल दिखाने लगे। सनसनाते बाणों के घटाटोप से सूर्य की प्रभा लुप्त हो गई और वायु की गति भी मन्द पड़ गई। देव, गन्धर्व, किन्नर, यक्ष, सिद्ध, महर्षि सभी चिन्ता में पड़ गये। तभी अवसर पाकर महाबाहु राम ने एक विषधर समान बाण छोड़कर रावण का मस्तक काट डाला, परन्तु उसके स्थान पर रावण का वैसा ही दूसरा नया सिर उत्पन्न हो गया। जब श्रीराम ने उसे भी काट डाला तो वहाँ तीसरा शीश प्रकट हो गया। इस प्रकार बार-बार शीश कटने पर भी उसका अन्त नहीं हो रहा था।

यह दशा देखकर इन्द्र के सारथी मातलि ने कहा, "प्रभो! आप इसे मारने के ब्रह्मास्त्र का प्रयोग कीजिये। अब उसके विनाश का समय आ पहुँचा है। मातलि की बात सुनकर रघुनाथ जी को ब्रह्मा के उस बाण का स्मरण हो आया जो उन्हें अगस्त्य मुनि ने दिया था। उन्होंने रावण की छाती को लक्ष्य करके वह बाण पूरे वेग के साथ छोड़ दिया जिसने रावण के हृदय को विदीर्ण कर दिया। इससे रावण के प्राण पखेरू उड़ गये। रावण को मारकर वह बाण पृथ्वी में समा गया और पुनः स्वच्छ होकर श्रीराम के तरकस में लौट आया। रावण के विनाश और श्रीराम की विजय से समस्त लोकों में हर्ष की लहर दौड़ गई। चारों ओर श्रीराम की जयजयकार होने लगी। वानर सेना में आनन्द का पारावार न रहा। प्रत्येक सैनिक विजय गर्व से फूला न समाता था।

पराजित और मरे हुये भाई को देखकर विभीषण अपने आँसुओं को न रोक सका और वह फूट-फूट कर विलाप करने लगा और कहने लगा, "हे भाई! अहंकार के वशीभूत होकर तुमने मेरी, प्रहस्त, कुम्भकर्ण, इन्द्रजित, नरान्तक आदि किसी की भी बात न मानी। उसी का फल यह सामने आया। तुम्हारे मरने से नीति पर चलने वाले लोगों की मर्यादा टूट गई, धर्म का मूर्तिवान विग्रह चला गया, सूर्य पृथ्वी पर गिर पड़ा, चन्द्रमा अन्धेरे में डूब गया और जलती अग्नि शिखा बुझ गई।"

विभीषण को इस प्रकार विलाप करते देख श्रीराम ने उसे समझाया, "हे विभीषण! तुम्हें इस प्रकार शोक नहीं करना चाहिये। रावण असमर्थ होकर नहीं मरा है। उसने प्रचण्ड पराक्रम का प्रदर्शन किया है। इस प्रकार क्षत्रिय धर्म का पालन करते हुये मरने वालों के लिये शोक नहीं करना चाहिये। युद्ध में सदा विजय ही विजय मिले, ऐसा पहले भी कभी नहीं हुआ है। यह सोचकर उठो और संयत मन से प्रेत कर्म करो। मैं इसमें तुम्हें पूरा सहयोग दूँगा। बैर जीवनकाल तक ही रहता है। मरने के बाद उस बैर का अन्त हो जाता है। इसलिये यह जैसा तुम्हारा स्नेहपात्र है, उसी तरह मेरा भी है।"

28

विभीषण का राज्याभिषेक और सीता की वापसी

- विभीषण का राज्याभिषेक और सीता की वापसी

युद्ध की समाप्ति पर श्री राम ने मातलि को सम्मानित करते हुए इन्द्र के दिये हुये रथ को लौटा दिया। तत्पश्चात उन्होंने समस्त वानर सेनानायकों की भूरि-भूरि प्रशंसा करते हुये उनका यथोचित सम्मान किया। फिर वे लक्ष्मण से बोले, "सौम्य! अब तुम लंका में जाकर विभीषण का राज्याभिषेक करो, क्योंके इन्होंने मुझ पर बहुत बड़ा उपकार किया है।"

रघुनाथ जी की आज्ञा पाकर लक्ष्मण ने प्रसन्नतापूर्वक सोने का घड़ा उठाया और एक वानर यूथपति को समुद्र का जल भर लाने का आदेश दिया। उन्होंने लंकापुरी में जल से भरे उस घट को उत्तम स्थान पर स्थापित किया। फिर उस जल से विभीषण का वेदोक्त रीति से अभिषेक किया। राजसिंहासन पर विराजमान विभीषण उस समय अत्यन्त तेजस्वी प्रतीत हो रहे थे। लक्ष्मण के पश्चात् अन्य सभी उपस्थित राक्षसों और वानरों ने भी उनका अभिषेक किया। विभीषण को लंका के सिंहासन पर अभिषिक्त देख उसके मन्त्री और प्रेमी अत्यन्त प्रसन्न हुये। वे श्रीराम की स्तुति करने लगे। उन्होंने अपने निष्ठा का आश्वासन देते हुये दहीं, अक्षत, मिष्ठान्न, पुष्प आदि अपने नये नरेश को अर्पित किये और 'महाराज विभीषण की जय', 'श्रीरामचन्द्र जी की जय' का उद्घोष किया। विभीषण ने सभी प्रकार की मांगलिक वस्तुएँ लक्ष्मण को भेंट की और रघुनाथ जी के प्रति भक्ति प्रकट की।

जब लक्ष्मण विभीषण का राज्याभिषेक कर लौट आये तो श्री रामचन्द्र जी ने हनुमान से कहा, "महावीर! तुम महाराज विभीषण की आज्ञा लेकर लंकापुरी में जाओ और वैदेही को यह समाचार दो कि रावण युद्ध में मारा गया है और वे लौटने की तैयारी करें।"

रघुनाथ जी की आज्ञा पाकर हनुमान विभीषण की अनुमति ले अशोकवाटिका में पहुँचे और वैदेही को श्रद्धापूर्वक प्रणाम करके बोले, "माता! श्री रामचन्द्र जी लक्ष्मण और सुग्रीव

के साथ कुशल हैं। अपने शत्रु का वध करके वे अपने मनोरथ में सफल हुए। रावण अपनी सेना सहित युद्ध में मारा गया। विभीषण का राज्याभिषेक कर दिया गया है। इस प्रकार अब आप निर्भय हों। आपको यहाँ भारी कष्ट हुआ। इन निशाचरियों ने भी आपको कुछ कम कष्ट नहीं दिया है। यदि आप आज्ञा दें तो मैं मुक्कों, लातों से इन सबको यमलोक पहुँचा दूँ।"

हनुमान की यह बात सुनकर सब निशाचरियाँ भय से थर-थर काँपने लगीं। परन्तु करुणामयी सीता बोलीं, "नहीं वीर! इसमें इनका कोई दोष नहीं है। ये तो रावण की आज्ञा का ही पालन करती थीं। इसके अतिरिक्त पूर्वजनित कर्मों का फल तो मुझे भोगना ही था। यदि फिर भी इन दासियों का कुछ अपराध हो तो उसे मैं क्षमा करती हूँ। अब तुम ऐसी व्यवस्था करो कि मैं शीघ्र प्राणनाथ के दर्शन कर सकूँ।"

पवनपुत्र ने लौटकर जब दशरथनन्दन को सीता का संदेश दिया तो उन्होंने विभीषण से कहा, "भाई विभीषण! तुम शीघ्र जाकर सीता को अंगराग तथा दिव्य आभूषणों से विभूषित करके मेरे पास ले आओ।"

आज्ञा पाकर विभीषण ने स्वयं वैदेही का पास जाकर उनके दर्शन किया और उन्हें श्री राम द्वारा दी गई आज्ञा कह सुनाई। पति का संदेश पाकर सीता श्रृंगार कर पालकी पर बैठ विभीषण के साथ उस स्थान पर पहुँचीं जहाँ उनके पति का शिविर था। फिर पालकी से उतरकर पैदल ही सकुचाती हुईं अपने पति के सम्मुख जाकर उपस्थित हो गईं। आगे वे थीं और उनके पीछे विभीषण। उन्होंने बड़े विस्मय, हर्ष और स्नेह से पति के मुख का दर्शन किया। उस समय उनका मुख आनन्द से प्रातःकालीन कमल की भाँति खिल उठा।

29

सीता की अग्नि परीक्षा

- **सीता की अग्नि परीक्षा**

अपने समक्ष सीता को विनयपूर्वक नतमस्तक खड़ा देख रामचन्द्र जी बोले, "भद्रे! रावण से तुम्हें मुक्त कर के मैंने स्वयं के ऊपर लगे कलंक को धो डाला है। शत्रुजनित अपमान और शत्रु दोनों को ही एक साथ मैंने नष्ट कर डाला है। इस समय अपनी प्रतिज्ञा को पूरी करके मैं उसके भार से मुक्त हो गया हूँ। युद्ध का यह परिश्रम मैंने तुम्हें पाने के लिये नहीं किया है बल्कि वह केवल सदाचार की रक्षा और फैले हुये अपवाद का निराकरण करने के लिये किया गया है। तुम्हारे चरित्र में सन्देह का अवसर उपस्थित है, इसलिये आज तुम मुझे अत्यन्त अप्रिय जान पड़ रही हो। अतः हे जनककुमारी! मैं तुम्हें अनुमति प्रदान करता हूँ कि तुम्हारी जहाँ इच्छा हो, चली जाओ। रावण तुम्हें अपनी गोद में उठाकर ले गया और तुम पर अपनी दूषित दृष्टि डाल चुका है। ऐसी दशा में मैं फिर तुम्हें कैसे ग्रहण कर सकता हूँ? मेरा यह निश्चित विचार है।"

अपने पति के ये वचन सुनकर सीता के नेत्रों से अश्रुधारा बह चली। वह बोली, "वीर! आप ऐसी अनुचित कर्णकटु बातें सुना रहे हैं जो निम्नश्रेणी का पुरुष भी अपनी निम्नकोटि की स्त्री से कहते समय संकोच करता है। आज आप मुझ पर ही नहीं, समुचित स्त्री जाति के चरित्र पर सन्देह कर रहे हैं। रावण के शरीर से जो मेरे शरीर का स्पर्श हुआ है, उसमें मेरी विवशता ही कारण थी, मेरी इच्छा नहीं। जब आपने मेरी खोज लेने के लिये लंका में हनुमान को भेजा था, उसी समय आपने मुझे क्यों नहीं त्याग दिया?"

इतना कहते-कहते सीता का कण्ठ अवरुद्ध हो गया। फिर वे लक्ष्मण से बोलीं, "सुमित्रानन्दन! मेरे लिये चिता तैयार कर दो। मैं मिथ्या कलंक से कलंकित होकर जीवित नहीं रहना चाहती। मेरे स्वामी ने भरी सभा में मेरा परित्याग किया है, इसलिये अग्नि प्रवेश ही मेरे लिये उचित मार्ग है।"

लक्ष्मण ने दुःखी होकर श्रीराम की ओर देखा और उनका स्पष्ट संकेत पाकर उन्होंने चिता तैयार की। श्रीराम की प्रलयकारी मुख-मुद्रा देखकर कोई भी उन्हें समझाने का साहस न कर सका। सीता ने चिता की परिक्रमा करके और राम, देवताओं तथा ब्राह्मणों को प्रणाम करके यह कहते हुये चिता में प्रवेश किया, "यदि मेरा हृदय कभी एक क्षण के लिये भी श्री रघुनाथ जी से दूर न हुआ हो तो सम्पूर्ण संसार के साक्षी अग्निदेव मेरी रक्षा करें।"

वैदेही को अग्नि में प्रवेश करते देख सभी उपस्थित वानर और राक्षस हाहाकार करने लगे। तभी ब्रह्मा, शिव, इन्द्र, वरुण सहित अने देवताओं ने श्रीराम के पास आकर कहा, "श्रीराम! आप ज्ञानियों में श्रेष्ठ हैं, फिर इस समय आग मे गिरी हुई सीता के उपेक्षा कैसे कर रहे हैं? आज आप यह साधारण अज्ञानी मनुष्यों जैसा आचरण क्यों कर रहे हैं?"

इसी समय मूर्तिमान अग्निदेव वैदेही सीता को चिता में से लेकर उठ खड़े हुये। उस समय सीता जी प्रातःकालीन सूर्य की भाँति कान्तियुक्त प्रतीत हो रही थीं। अग्नि ने रघुनाथ जी को सीता को सौंपते हुये कहा, "श्रीराम! आपकी पत्नी सीता परम पतिव्रता है। इसमें कोई पाप या दोष नहीं है, इसे स्वीकार करें।"

अग्निदेव के वचन सुनकर श्रीराम ने प्रसन्नतापूर्वक सीता को स्वीकार करते हुये कहा, "मैं जानता हूँ, सीता बिल्कुल पवित्र है। लोगों को इनकी पवित्रता का विश्वास दिलाने के लिये मुझे यह परीक्षा लेनी पड़ी। आप सब लोग मेरे हितैषी हैं। इसीलिये कष्ट उठाकर इस समय यहाँ पधारे हैं।"

राम के वचन सुनकर महादेव जी बोले, "श्रीराम! दुष्ट-दलन का कार्य सम्पन्न हुआ। अब आपको शीघ्र अयोध्या लौटकर माताओं, भरत, पुरवासियों आदि की व्याकुल प्रतीक्षा की घड़ियों को समाप्त करना चाहिये। देखो, सामने आपके पिता दशरथ जी विमान में विराजमान हैं।"

महादेव जी की यह बात सुन कर लक्ष्मण सहित रामचन्द्र जी ने विमान में अपने पिता को बैठा देखकर उन्हें सादर प्रणाम किया। महाराज दशरथ ने उन्हे आशीर्वाद देकर स्वर्ग को प्रस्थान किया।

दशरथ के विदा होने पर देवराज इन्द्र ने कहा, "हे रघुनाथ! तुमने राक्षसों का संहार करके आज देवताओं को निर्भय कर दिया। इसलिये मैं तुमसे बहुत प्रसन्न हूँ। तुम जो चाहो, वरदान मुझसे माँग लो।"

इन्द्र को प्रसन्न देख श्रीराम बोले, "हे देवराज! यदि आप मुझ पर प्रसन्न हैं तो मेरी प्रार्थना है कि मेरे लिये पराक्रम करते हुये वानरादि जो वीर यमलोक को चले गये हैं, उन्हें नवजीवन प्रदान कर पुनः जीवित कर दें और वे पूर्णतया स्वस्थ होकर मुझसे मिलें।"

इन्द्र ने प्रसन्नतापूर्वक श्रीराम की इच्छा पूरी कर दी।

<h1 style="text-align:center">30
अयोध्या को प्रस्थान</h1>

- **अयोध्या को प्रस्थान**

एक रात्रि विश्राम करने के पश्चात् श्री रामचन्द्र जी ने विभीषण को बुलाकर कहा, "हे लंकेश! मेरा वनवास का समय पूरा होने को है। अब मेरा मन भरत से मिलने के लिये उद्विग्न हो रहा है। वे मुझे स्मरण करके दुःखी हो रहे होंगे। इस लिये तुम ऐसा प्रबन्ध करो कि हम शीघ्रातिशीघ्र अयोध्या पहुँच जायें।"

यह सुनकर विभीषण ने कहा, "हे प्रभो! आप चिन्ता न करें। मैं एक ही दिन में आपको अयोध्यापुरी पहुँचा दूँगा। वैसे मेरी इच्छा यह थी कि आप कुछ दिन यहाँ रुक कर मेरा आतिथ्य स्वीकार करते।"

जब श्रीरामचन्द्रजी ने वहाँ ठहरने में अपनी असमर्थता दिखाई तो विभीषण ने तत्काल पुष्पक विमान मँगाया, जो स्वर्ण से बना हुआ और नाना प्रकार के रत्नों से सुसज्जित था। रामचन्द्रजी सब वानरों का उनके द्वारा की गई सहायता के लिये आभार प्रकट करके सीता और लक्ष्मण के साथ विमान पर सवार हुये। सुग्रीव सहित सब वानरों और विभीषण ने भी उनके साथ अयोध्या चलने का आग्रह किया तो उन्होंने कृपा करके सबको उसी विमान पर अपने साथ ले लिया। विमान आकाश में उड़ने लगा। रामचन्द्र सीता को लंका, सागर, सुवर्णमय पर्वत हिरण्यनाभ, सेतुबंध, किष्किन्धा नगरी को दिखाकर उनका महत्व बताने लगे। बीच-बीच में सीता-हरण के पश्चात् की घटनाओं का भी विशद वर्णन करते जाते थे। जब विमान किष्किन्धा नगरी पहुँचा तो वैदेही ने सुग्रीव की भार्या तारा आदि को भी अपने साथ अयोध्या ले चलने का आग्रह किया।

रघुनाथजी ने विमान को वहाँ रुकवाकर सुग्रीव तथा अन्य यूथपतियों से कहा कि वे शीघ्र अपने-अपने परिजनों को, जो अयोध्या चलने के लिये उत्सुक हों, जाकर ले आयें। श्रीराम की आज्ञा पाते ही वे सब अपने परिजनों को बुला लाये। फिर विमान अपने गन्तव्य की ओर चल पड़ा। विमान चलते ही रामचन्द्र ने सीता को ऋष्यमूक पर्वत दिखाया जहाँ उन्होंने सुग्रीव

से भेंट की थी। फिर उन्होंने शबरी की कथा सुनाते हुये पम्पा दिखाया। जटायु के मरने का स्थान, महात्मा सुतीक्ष्ण तथा शरभ के आश्रम, श्रृंगवेरपुर आदि दिखाते हुये भरद्वाज मुनि के आश्रम पर पहुँचे। वहाँ उन्होंने विमान उतारा।

भरद्वाज मुनि के आश्रम में पहुँचकर उन्होंने मुनि को सादर प्रणाम किया और कुशलक्षेम के पश्चात् अयोध्यापुरी, भरत तथा माताओं के विषय में सूचनाएँ प्राप्त कीं। फिर उन्होंने हनुमान से कहा, "वानरराज! मैं चाहता हूँ कि मेरे अयोध्या पहुँचने से पहले तुम अयोध्या जाकर पता लगाओ कि राजभवन में सब कुशल से तो हैं। तुम श्रृंगवेरपुर पहुँचकर वनवासी निषादराज से भी भेंट करो। उनसे तुम्हें अयोध्या का मार्ग भी ज्ञात हो जायेगा। भरत से मिलकर उन्हें हमारा कुशल समाचार देना और यहाँ हुई समस्त घटनाओं से उन्हें अवगत कराना। उन्हें यह भी बता देना कि हम लोग सफलमनोरथ होकर राक्षसराज विभीषण, वानरराज सुग्रीव तथा अन्य मित्रों के साथ प्रयागराज तक आ पहुँचे हैं। साथ ही भरत की मुखमुद्रा का भी सूक्ष्म अध्ययन करना। यदि उन्हें हमारा आगमन अरुचिकर प्रतीत हो तो मुझे सूचित करना। ऐसी दशा में हम अयोध्या से दूर रहकर तपस्वी जीवन व्यतीत करेंगे। तुम शीघ्र जाकर उन्हें सब बातों की सूचना दो।"

प्रभु की आज्ञा पाकर हनुमान मनुष्य का रूप धारणकर तीव्रगति से अयोध्या की ओर चल पड़े। पहले वे गंगा और यमुना के संगम को पारकर श्रृंगवेरपुर पहुँचे और वहीं निषादराज गुह से मिले। उन्हें श्रीराम का कुशल समाचार देकर वे परशुराम तीर्थ, वालुकिनी नदी, वरूथी, गोमती आदि नदियों को पार करते हुये नन्दिग्राम जा पहुँचे। अयोध्या से एक कोस की दूरी पर उन्होंने चीर वस्त्र और काला मृगचर्म धारण किये हुये दुर्बल भरत को देखा। वे तपस्यारत ब्रह्मर्षि के सदृश दिखाई दे रहे थे। भरत जी के पास पहुँचकर पवनपुत्र हनुमान ने दोनों हाथ जोड़कर उनसे निवेदन किया, "देव! श्रीरघुनाथजी ने आपको अपना कुशल समाचार कहलाया है और आपका कुशल समाचार पूछा है। आप इस अत्यन्त दारुण शोक का परित्याग करें। आप शीघ्र ही श्रीराम से मिलेंगे।"

यह शुभ समाचार सुनकर भरत का हृदय हर्ष से भर उठा। उन्होंने बड़े उत्साह से पवनपुत्र को प्रेमपूर्वक अपने हृदय से लगा लिया और बोले, "भैया! तुमने जो मुझे यह प्रिय संवाद सुनाया है इसके बदले में मैं तुम्हें क्या दूँ। मुझे कोई ऐसी वस्तु दिखाई नहीं देती जो तुम्हारी इस शुभ सूचना का उचित उपहार हो सके। फिर भी मैं तुम्हें इसके लिये सौ उत्तम गाँव, एक लाख गौएँ और उत्तम आचार वाली स्वर्ण, रत्न तथा आभूषणों से सुसज्जित सोलह कुलीन कुमारी कन्याएँ पत्नीरूप में समर्पित करता हूँ।"

फिर बोले, "सौम्य! मुझे यह बताओ कि श्रीरघुनाथजी का और वानरों का मेल-मिलाप कैसे हुआ?" भरत के इस प्रश्न के उत्तर में हनुमान ने श्रीराम के वनवास से लेकर दण्डकारण्य में प्रवेश करके विराध को मारने, शरभंग मुनि के स्वर्ग सिधारने, खर-दूषण तथा त्रिशरा को मारने, सीताहरण, गिद्धराज जटायु की मृत्यु, सीता की खोज करते हुये सुग्रीव से भेंट होने का विवरण सुनाकर उन्होंने सीता की खोज करने, सागर पर पुल बाँधने तथा सपरिवार

रावण को मारकर वैदेही को मुक्त कराने तक का वृत्तान्त सुना डाला। यह भी बता दिया कि अब रामचन्द्रजी पुष्पक विमान से अयोध्या आ रहे हैं।